形家陽宅地理學

長眼法

黃誠宗老師　編著
（師承呂茂宏老師）

自序

筆者步入五術領域至今已滿二十年了，早年也接觸過了幾派的理氣派地理學，自認學習還算認真，也經常與授課老師提出詢問，但往往無法讓我有臣服之感，甚至懷疑自己是否適合當一個地理師。但是在十三年前經由前輩的引薦，有幸承教於呂茂宏老師，拜學形家長眼法陽宅學。呂老師所教的每一個內容，都可以隨意在街道上或鄰里的地理上得到驗證。眞的是一套令人不得不服的地理學術。

由於呂老師的課程是終身學習制，所以筆者十三年來總共聽了十二期的課程，跟了老師將近百次的戶外實習課，一共完成了八大本的筆記。師兄弟們都希望有人可以將呂老師的上課特色和價值傳達給五術界，讓更多人有機會來學習這套難能可貴的地理學術。加上呂老師的鼓勵之下。爲了避免本人的失誤理念誤導了讀者，所以筆者將多年來的上課筆記內容作挑選，整理出這一本筆記書。希望給五術地理師界注入一股新流，更希望讓更多人了解呂茂宏老師多年來研究的形家長眼法地理學。

前言

筆者服務過的陽宅堪輿經驗中，常聽到福東感嘆說：我這房子以前購買時或建造時也是有先請地理師看過後才動手的，怎麼會沒幾年就有傷破出現呢？

本於同行非敵國的心境，我實在不願評論其他的地理師，通常只會婉轉的說明，或許是附近的地理環境剛好就改變了。實際上沽名釣譽的地理師還是居大多數。

居住陽宅的地理效應，確實會影響居住人的吉凶禍福，只不過擁有控制地理學術的地理師卻不多，因爲普遍的地師研究學術都太墨守成規了，不敢挑戰所學的學術是否眞的有用，只會盲目的追求古時經典的知識，忽略了現代建築的習性已和封建思想下建築概念大不同了，先賢所留的經典知識怎可一昧的沿用了。所以陽宅學的功力很難在實務上有提升。一般出潤金的福東卻很難分辨何爲眞正夠實力的地理師。不得已之下只能從媒體曝光率或廣告能見度高的老師去聘請。筆者認爲實在不是很好的方式。

記得十三年前第一次參加呂茂宏老師的上課說明會時，聽老師說：歡迎各位五術界的朋友來指教，來挑戰他的學術。多麼地充滿自信，充滿對學術研究的自信和道德勇氣。令人佩服也令人不自主地想追尋這種對學術負責的精神。

地理師雖不是什麼神聖的職業，卻是一個會影響一家人平安禍福的角色，或是影響一間公司行號營運是否順利的關鍵人物。信不信地理師，那是個人的選擇，我本人從來不會鼓吹人要找地理師來堪宅，但是一旦決定要聘請地理師來爲自己的陽宅做勘察時，那我會很誠心的建議，最好還是努力做一點功課才好，千萬別輕易相信媒體介紹的或只想挑潤金價格便宜的老師。

那如何判斷地理師的功力和學養呢？我的建議是，除了聽朋友推薦之外，更重要的是實際拜訪並勇敢提出問題發問，冷靜而理性的看看老師對陽宅學的認識到哪？

若是因客人質疑而惱羞成怒的地理師，請不用懷疑，那絕對不是夠資格的老師，趕緊告辭別再聯絡。千萬別相信什麼（老師是德高望重的，不能懈怠得罪）之類的鬼話。

業界裡地理師多如牛毛，地理學派也甚是繁雜。各家爭鳴互不認輸。但競爭本是好事，因爲能讓眞理越辯越明，只不過堪輿界的氣氛不是競爭，而是表面上互相推崇，私下卻批評中傷，誰也不服誰卻又不願就學術上的爭議點大方討論。此等人格素質實在很難讓人尊重啊！更枉以讓人以「師者」稱乎。

以形家長眼法陽宅學爲例，檯面上很多的執業老師都說他是學正宗的，但到底是不是正宗，對福東來說眞的不重要，能對得起福東信任的學術自然就是好的學術。

本書分享了呂茂宏老師平常上課的基本內容，還有節錄了許多實際的案例來解說。期望能給堪輿界或熱愛陽宅學的朋友們，進一步認識形家長眼法陽宅學。

無論你是有多年經驗的地理師，或者是有意進入堪輿界的新兵，這本書可以給你有另一種別於傳統觀念的看法，讓你可以將地理學術的應用更符合現代潮流。更可以達到賺紅包不愧於心的目標。如果你只是好奇地理學術，那這本書也有讓人耳目一新的見解，不至於對傳統堪輿學術繼續產生誤解。

目錄

第一部分　基本概論

「形家長眼法地理學」基本介紹

風水地理學術自古大略分成二部分，其一：是需要藉助羅盤測量的「理氣派」，另一派爲觀察地形地物走向的「巒頭派」。

而「形家長眼法地理學」，可由兩個層面切入。

第一，何謂「形家」？會重視巒頭的看法，也有部分是依山法（玄學）的觀念而來，不講高低遠近，會有宿命之說，缺乏邏輯推論。

第二，若再加入「長眼」呢？以眼觀陽宅，判斷其心性，也可以說以人性的角度觀看陽宅。

探討陽宅學宜以「形家」入門，進而「長眼」，因長眼方講性格，而性格會決定吉凶。

地理風水學派山頭林立，或許歷史淵源取勝，或許實務案例經驗豐富，各有優點，也各有不足之處。無論如何眞正的學術應該是越辯越明，若是無心辯述就草草以玄學參雜作無理由的論斷，又或者推出歷史古作爲名，皆不是能讓大多數人認可的地理學術。

【形家長眼法特點】

我們通常以「本宅」稱呼要堪輿的標地。以本宅的大門向外看↓左邊為青龍方、右邊為白虎方、宅後為玄武方，前堂有朱雀方。此為陽宅的四勢。這四個面向會呈放射性看出，包羅萬千，眼見為憑。有高有低有路有動亦有刀，其每個面向形成的要素經過互相的邏輯變化，會對本宅有相當程度的影響。

例圖：

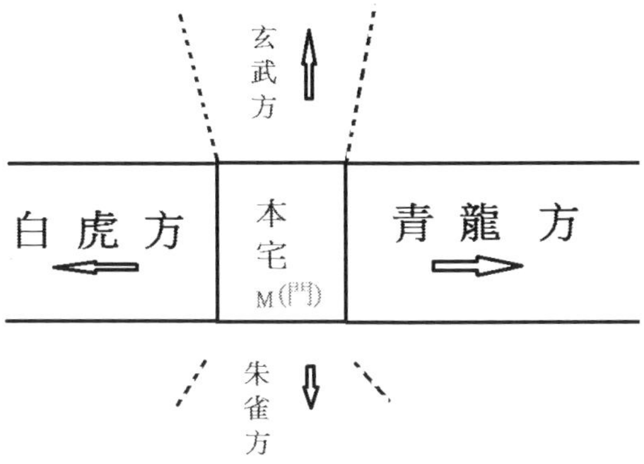

論斷陽宅時，也可以將本宅看作是主人翁附於生命感，而四勢的特性就好比人生旅途中會遇到的人事物。

人類是群居動物會互相影響彼此的人生，其所住的地方當然也離不開他方勢力的影響！這就是所謂的陽宅學之「外格局」。外格局的條件影響本宅超過七成的吉凶。而大門以內統稱「內格局」，包含客廳（辦公桌）、床位、廚房、神位、書桌和動線安排等等的擺設，有如自己與外界勢力的應變方法或對應方式，僅能間接的影響心性（但控制得宜也能有逢凶化吉，趨吉避凶的功效）。最後加上水神的獲取方法。便是呂茂宏老師式的「形家長眼法陽宅學」了。

形家長眼法基本局

【學習的基本觀念】

基本局的功力養成，就好像是學武功時的內功養成，或者像是蹲馬步。其實力越紮實，將來實際上的堪宅就越有把握。

第一點：先要區分

【左青龍】其主要的任務是要觀察想法上的變化，又稱先天因素，屬於內在的影響力。

【右白虎】任務爲接收龍邊思想後的執行力，也可當作判斷未來式的依據。或稱行爲模式又稱後天外在的觀點。加上【前堂朱雀】【後山玄武】爲四勢。

四個勢面都有可能出現【長】、【深】、【強】、【軟】、【逼】（分單逼和群逼）、【動】、【路】、【帶刀】（有小中大和逼的刀）、【動中抬頭】、【歪】和【聚水】。加上前堂的龍方來銜接過堂或虎方來銜接過堂。以上便是形家長眼法的基本架構。

第二點

單局（單勢）理論淺顯易懂可以將其視爲人格上的特性，但不可妄斷吉凶，因爲不定數很多（會受他勢特性影響），一定要先熟記各單局的意義並保留彈性和探討的空間，最後以

四勢合局的邏輯性推論。陰陽互變無定數但有其理論依據。學會領悟此理論的依據，則房子的吉凶論斷就會準確無比。

第三點

長眼法強調吉凶無單局定論，指的是不能將單勢的傷破當成洪水猛獸，看到刀或路衝就避之唯恐不及。當然也不是鼓勵用區區的擋煞品去化解，而是判斷傷破的嚴重度。例如有的局只是有小小的會刀，卻能帶來財富上的加分，爲什麼不取呢？就好像古諺語中的「富貴險中求」。判斷富貴與危險的程度便是地理老師的工作了。

最後一個重點

就是住宅與公司行號的格局是不等論的。甚至可以說是天壤之別。例如：住宅有所謂的桃花局、病局、官訟是非和意外格局，但公司行號只有官訟問題和是否能賺錢，沒有那麼多的枝枝節節。這是基本的概念也是最重要的研究陽宅學基石。

【每個單局意義】

【龍邊】

有如左腦，控制思想、開創、堅持度。有點像先天的現象。有實體的形體視作爲顯性，軟或深則爲隱性。也可以比喻像人生中的孩童時代，會接收來自父母家庭（後山）力量的養成。

古代帝王制度，封建思想盛行，有以男人爲尊的思想。所以常以自我的觀點爲出發點的習慣，所以以前的地理學術才會有所謂「重龍不重虎」理論。裡面充斥著男尊女卑的過時思想。普遍認爲龍邊越強越好，完全不考慮用神與否。龍邊不是一定不能有建物，而是要考慮到四勢的變化和水神的走勢才好。

堪輿界有句流傳話，說：白虎起高峰，老婆打老公。意思是說右前方的山峰若高於左前方的峰體，則有女人作主當權的現象。在我看來實在是太片面觀了。

應該是一個過時的理論，因爲擔心大男人心態被侵犯而衍生的論調。不足爲用。

【龍長】：（龍邊高度與本宅同高，但明顯比虎邊長）

例圖：

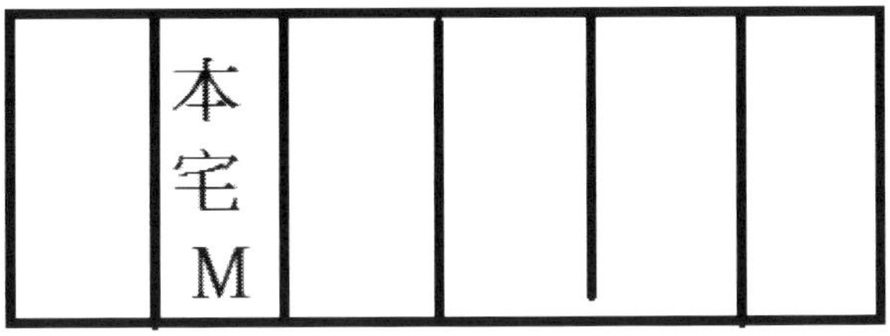

特點是給人斯文之感但不免養尊處悠，龍愈長愈死腦筋，雖有堅持的特點，但不一定是堅持在對的方向，甚至只是虛陀光陰，因爲會有太在意自己思想的缺點，比較無法理性客觀的參考他人的觀點。雖然也有不與人爭的感覺，但內心很難對他人欣悅臣服。默默地與人比較。

↓後山越軟越明顯，其特點越明顯，也越有假仙的樣子。重視表面功夫。

↓龍長而缺虎邊，容易眼高手低，高不成低不就的情形，空有理想但缺執行力。

只適合讀書人或發明家。而且龍長無虎，身體容易出現虛弱的樣態，若前堂爲龍過堂更加嚴重，特別是胃和十二指腸的毛病。

↓龍長有時候也會話特別多，所以也適合類似保險業等需要口才推薦的行業。會有人人好的習性。但要避免言不及衷的情形，流於自嗨，久了便會讓人看穿。時間的觀念也是必須加強的。

【龍強】：（龍邊比本宅和虎邊都高）

例圖：

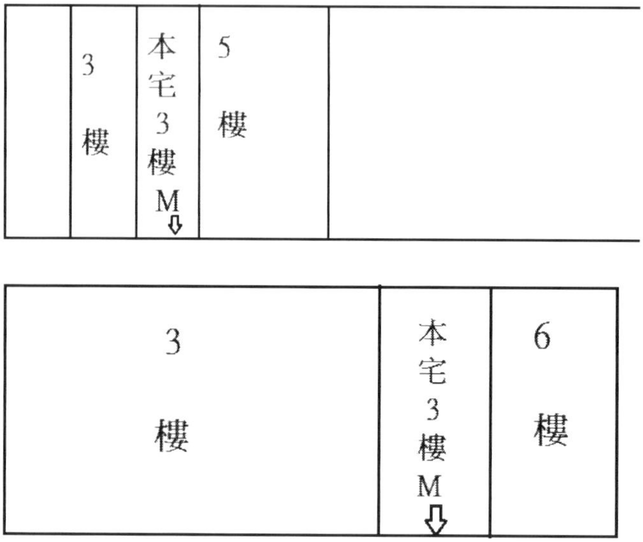

（龍強而短）

過於重視自我的存在，所以有主觀強烈的特點。不甘寂寞，喜歡表現自己的意見。在不被重視的時候，會有賭氣、愛面子，和得理不饒人的現象。喜歡講大話並有言過其實的現象。爭得一時之快。在後山是空地之下更嚴重，但是會隱藏其心性，伺機而動。

↓龍強而出長雖然有堅持的優點，但是會拗脾氣，用神錯誤就會失敗，因爲會讓人看破手腳。容易積怨或記仇，將失敗原因歸咎他人或老天爺。

↓龍強而短↓則個性上常常有一時興起之作。

↓龍邊強再加上龍過堂之下，有善耍客套之假象。龍強加虎過堂則有挑釁的味道，但不藏心計。

↓龍強最容易有犯桃花的可能，因爲敢誇口又有健談的優勢。前堂有會刀的現象，離婚機率高。

↓求財的角度，龍強出長，帶有強烈的企圖心，但是水局不助，則有敗家的可能。

【龍軟】：（龍邊比本宅和虎邊都低，但有房子。）

例圖：

龍軟

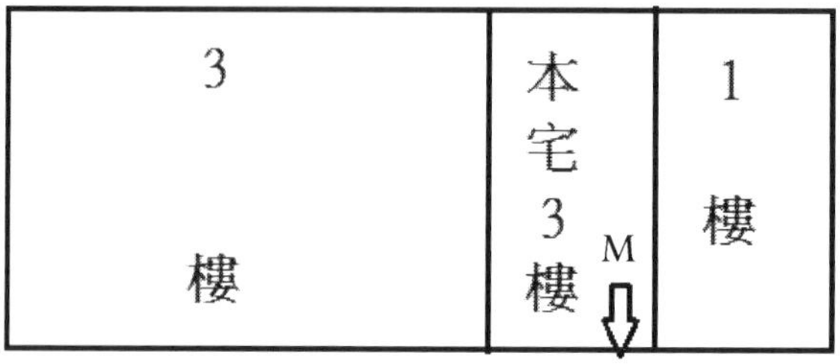

(龍軟出長)

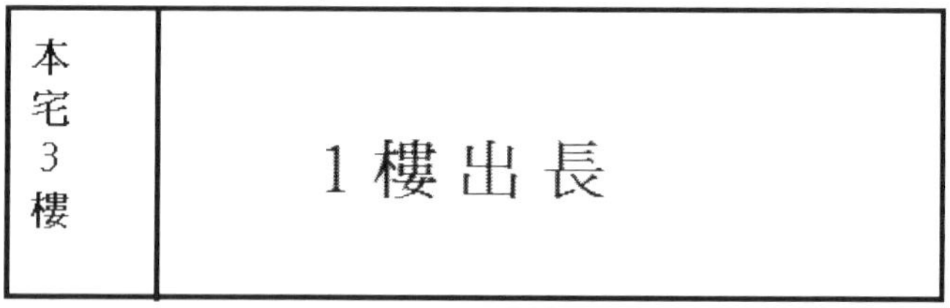

給人古意、憨厚的感覺，適合名就，感覺沒有脾氣，可以沒沒無聞的過日子。

凡事無關緊要的心態。也比較不想做勞力的工作。功名利祿非己之所關心的樣。若要成功必須有他勢的配合，或做適合的行業，例如後山高壓，藉由家族的壓力和提攜而被動的配合。也可以用帶刀的角度使之增加比較心。

↓龍軟若前堂爲逼堂，會有想入非非的心態，容易有偷偷摸摸的桃花。若再加上背強龍刀，小心心理疾病引起的犯罪行爲。

↓軟局要用動來出貴，可得文昌的成就。也可一掃內心的陰霾。

【龍動】：（龍邊有巷子）

例圖：

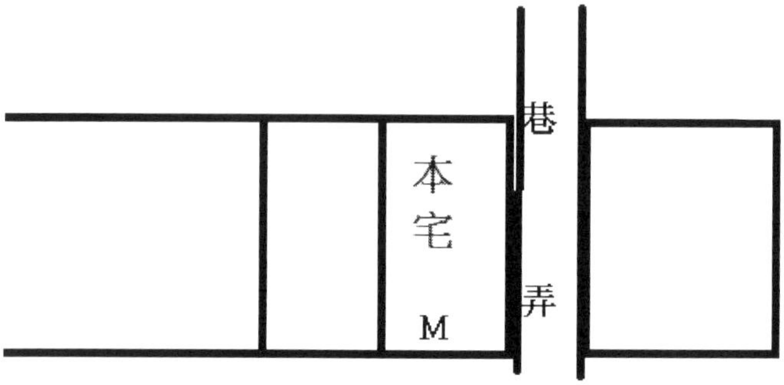

↓思考敏捷、反應積極創造力強，但不代表頭腦好。求利方面有直接反彈的想法。

後山空之下則有增加謀略的感覺，若龍砂方有旗獨揚，則成謀江山的格局。缺點是比較缺乏三思而後行的觀念。有大成也有大敗的可能。

↓龍動忌龍砂方有出岔。代表思考不集中，想法紊亂。會在錯誤的事上打轉。虛耗光陰，徒勞無功。

↓龍邊動若是死巷的情形，稱之爲暗動。會有想法上不夠力的狀況。身體狀況也容易有健康出問題的疑慮。健康慢慢的流失而不自知。

同時龍動代表著思考模式不停歇，所以類似腦神經衰弱的狀況是很可能發生的。並有可能導致失眠連連。進而讓疾病孳生於不知不覺之中。例如，前堂有會刀，尤其是會龍刀之下，在很年輕時就有生大病的可能了。

【龍路】：（龍邊的路比屋寬還寬）

例圖：

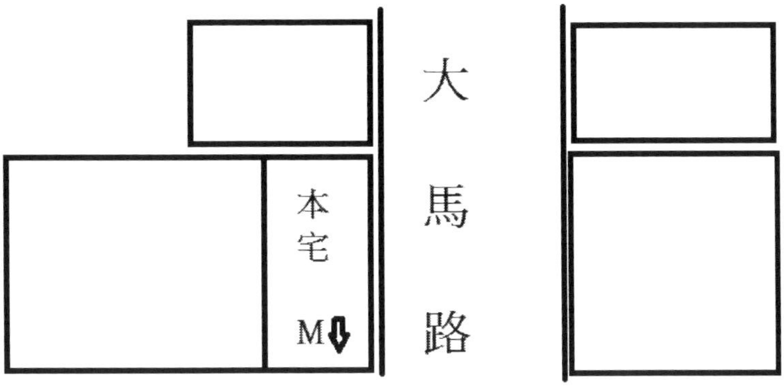

↓思想空間比較崇尚自由。有逍遙度日的人生觀，喜歡過安逸生活，故不適合需要扛經濟的人住。但絕非不知思考，只是不願做無謂的思考，頭腦仍有求利的想法，只是相對於動來說，比較有針對性。仍然是屬於願讓理念流通的格局。

↓若後山有靠，則逍遙的理所當然，好命地也。男子花錢也較不知節制。堂前宜右水過堂，則仍有聚財的效果。虎邊越長，則仍是可取之局。

↓也怕在龍砂方有斜飛現象，無論是水局或形局，都可能是敗家產現象，只是差別在是敗掉投資本或敗掉家產而已。

龍路是思想最開放的局，所以也是最容易導致女兒犯桃花的局。所以有龍路的陽宅。在內格局的搭配要特別注意的是婚姻或異性感情的角度。避免女兒在未成年就有感情氾濫的現象。有種迫不及待長大的感覺。

【逼龍】：（龍邊的建築物高過本宅三倍，而且要後山軟）

例圖：

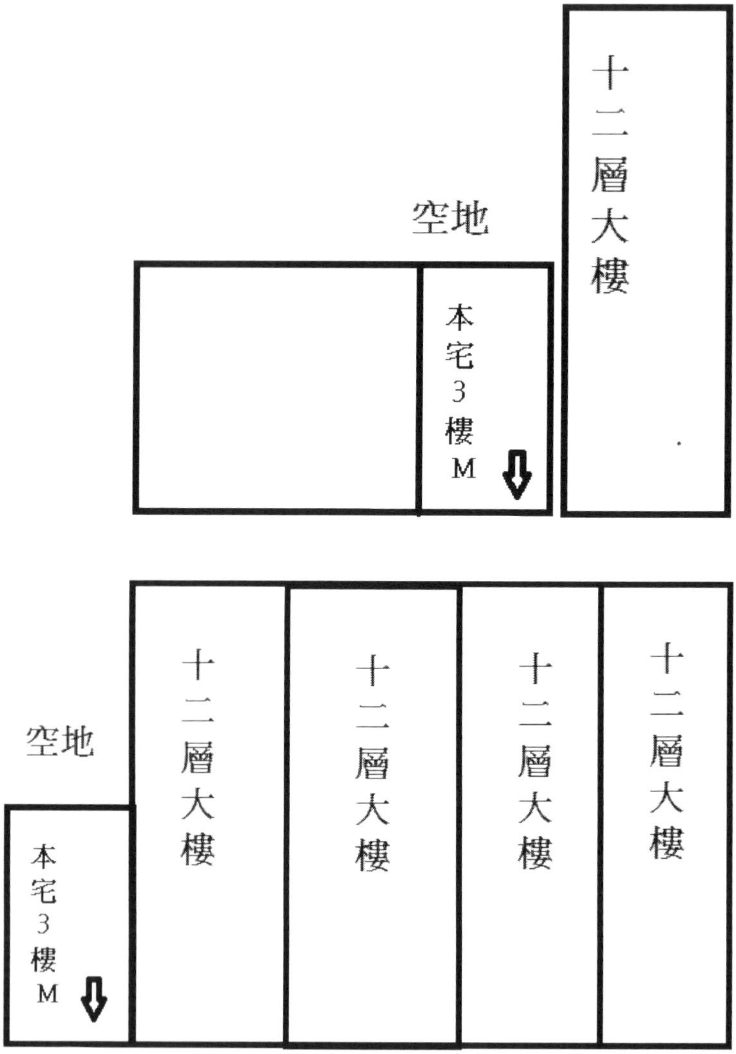

↓有天馬行空的想法，想像力豐富。思想比較虛幻，但善於做夢，所以在宗教和信仰方面有特殊的感應。論女人則有比較惜情的特性。

↓論身體會有越來越虛的感覺，有種用盡腦力的感覺，而且容易帶有病母纏身。

前堂不夠寬廣，則有心理疾病的隱憂，婚姻也很難圓滿。

↓有些逼龍的情形，會擁有強烈的企圖心，無論何事，包含感情面。成也大，敗也大，野性包容性也大。紅粉知己多，一局就可以論桃花。只要四勢遇路或剪，婚破機會高，所以有時候逼龍嚴重也可以稱爲「再婚格局」。

↓另一種逼龍，則內心有承擔之感（尤其女人），而且會有一時興起的特殊靈感。

適合做發明或創新之類的工作，或不需後續動作的工作。也適合宗教場所。

古人曾說：「逼龍富、逼龍瘋。」意味著想法的企圖心旺盛，所以若能將極致的企圖心想法發揮出去，就有大富的情形。相反的若是極致的想法無法得到抒發，就有可能逼自己發瘋。以陽宅學的角度，也是如此，能不能讓有逼龍的格局有抒發的方法，就是一個不簡單的學術了。

【龍深】（龍邊有深陷）

例圖：

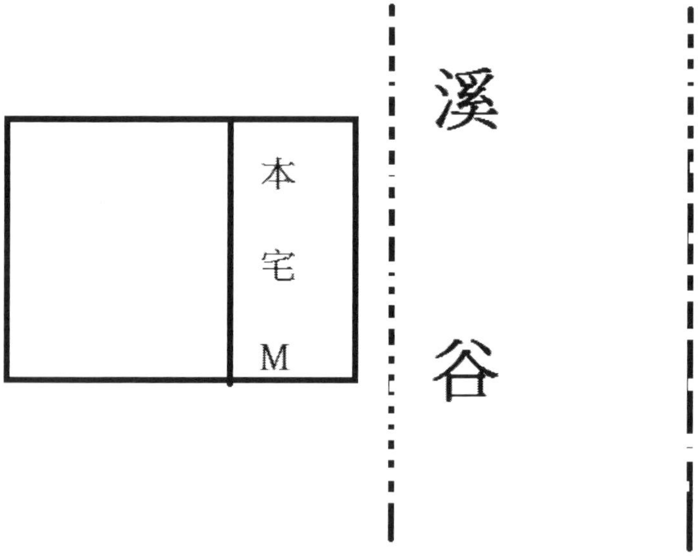

↓思考深沉，給人紳士有禮的氣質印象，但不代表沒脾氣只是不易表達情緒，太過於保護自己，深怕自己走錯路。而且不輕易相信他人，但一旦信了就信到底（尤其龍過堂之下），甚至可以說變迷信。具有隱性的主觀性強，不隨意認同他人但也不會輕易否決，只是不搭理。有計畫且不愛表現，給人冷漠的感覺，只熱情在同好之間。

↓求財方面，能因心狠而得利，或計畫安排得當而得到成果。屬於深思之後的求利，所以較不會走冤枉路。但也常常因過於冷靜怕錯誤，而錯失良機。

↓忌後山也深，則身體久之成病（遺傳而來的病），並有未老先衰的現象。內格局再有深出現，會有孕育的困難。

↓例如後山逼的龍邊深，氣質有霸氣十足的威嚴，屬於武格。但若沒有出虎邊實體，則只是隻紙老虎。假性的武格。

【龍來逼】（龍邊先空地再有大樓，後山要軟）

例圖：

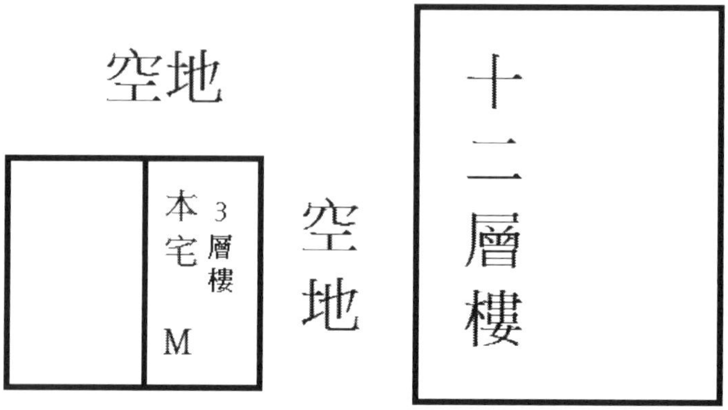

↓個性上有木訥、忠厚之感，但會受外來因素而產生狂態，又稱被迫反擊格局，因爲也有逼龍的特性存在。遇事習慣性先忍耐（會有獨善其身的想法），等到受不了再加倍反擊，而且有玉石俱焚的狠勁。屬於內心燜熱之人，也有點像矇眼一般。甚至有被迫害妄想症。宗教角度，有特殊的第六感。但不一定是「眞道」。

↓宜出虎邊而長，可以減輕龍來逼的心理缺點。而且在水局正確之下，也有一時暴富的可能。

↓最忌龍出砂來過堂，會有心理方面的發凶。甚至輕生。尤其女人。

↓加上虎強出刀，逞兇鬥狠。最要提防是否有引起官訟是非的條件。

龍來逼，頗有：你不犯我，我不犯你。你若欺我，我必加倍奉還！看似霸氣，但往往都是將場面搞得很僵的人。

【龍刀】（必須高於門楣，且較本宅前凸）

例圖：

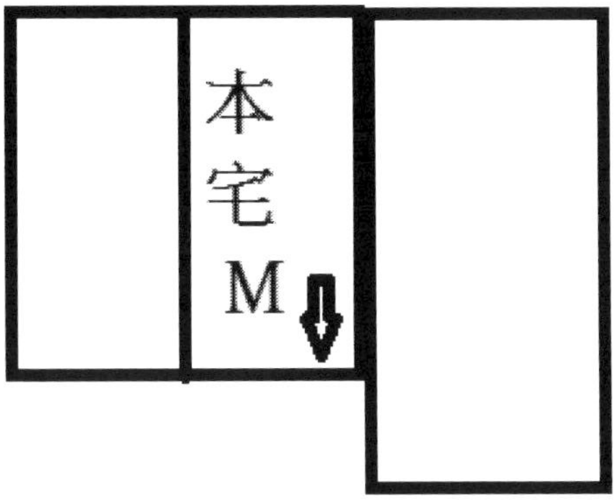

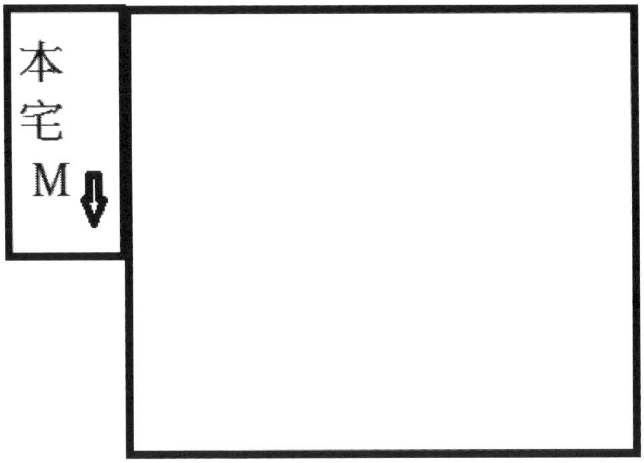

↓個性較硬但不是兇也不輕易低頭。女人會挑戰世俗，甚至會愛上不該愛的人。此局女人的情感比男人強烈。而男人性情率直較缺乏圓融。有如糞坑內的石頭。優點是自以爲高人一點而會自我鞭策，故可從事研究，或當學者。能學有一專精。

↓龍邊帶刀，會有猶豫不敢做決定的缺點。因爲自我保護的意識明顯，而顯得扭捏的感覺。但也比較有文身人的氣質。

↓帶刀又會有強烈的比較心，在後山是空之下會更加嚴重。若不好好注意，就會出現精神上的疾病。亦會有報復心，但內心其實很容易自卑。

↓帶龍刀而逼虎群星，能發揮專長並有致富的機會。

↓帶龍刀最怕前途未明，例如：女人帶龍刀龍過堂加暗堂之下，有輕生的念頭。

例如：一間帶龍刀的陽宅，若爲了讓其幫助研發的效應，則後山最好要軟。龍砂方也不宜有高聳的建物。而若是一間會發生意外的局，帶龍刀之下，再加上後山是軟的，則嚴重的程度會比較明顯。

帶龍刀，只要配置得當，會成爲社會上令人矚目的人，可以名垂。但卻也是最容易做繭自縛的局。自己困死自己。

【龍歪】（通常是順弓或反弓路之情形）

例圖：

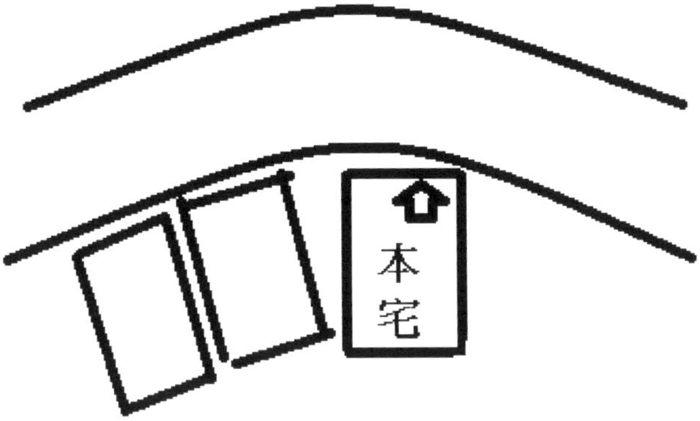

↓有點子古怪的特點，如果其他勢面搭配得當，尚有求財致富的機會。若後山坐正，而龍歪，則會有貪小便宜的心思。後山坐不正而龍邊正，表示後天的教育不差，但會受成長環境不良的影響。

↓而龍歪之下，前堂逼迫，容易有精神疾病或思想偏激。所以龍歪，則明堂要夠大，可以讓歪點子得到發揮。

【虎邊】

例圖：

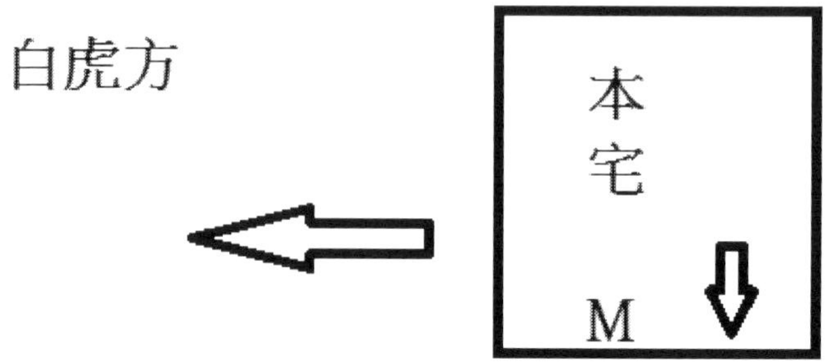

↓是一種行爲學，決定是否能磨練成鋼，會有行動的記憶性，就好像一個人的慣性。也代表著執行力和平衡中心，也關係群衆魅力。解釋外在的種種。又稱後天行爲。缺執行力的地理，要看行業類別才有成功之機。

若以人類求生存的角度思考，陽宅學的理論應該要先重視虎邊而不是重龍邊。只是虎邊的效應是否發揮得當，又必須接受龍邊特性的影響。這便是陰陽互補之道了！

凡事多一點站在他人的角度做思考，可以讓生活過得更圓滿。也可能爲自己帶來更多的好人緣，所以重虎邊的意思也就是這個道理。

【虎長】（高度與本宅和龍邊相同，但長過龍邊）

例圖：

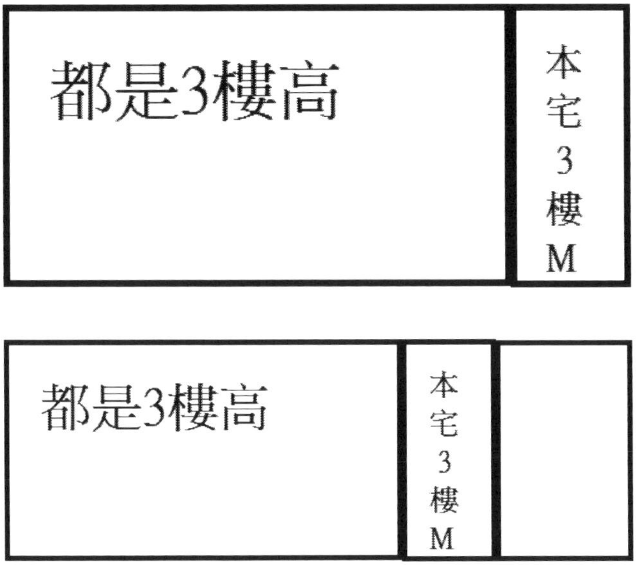

↓屬於後天的造化，能擁有行爲的持續力，但心態上習慣安逸，夠用就好，會讓人覺得被動。但有壽元較長的優點，因爲怡然自得，不做多餘的競爭。不愛與人計較，人人好的感覺，能得到好人緣，但不一定是好人脈。好交朋友但不是建構人脈。

缺點是愛練仙有如長屁股。

↓求財的角度，觀念稍嫌被動。後山逼的話，可以帶動求財契機和積極性。是一個肯做的局。需要靠他局的強或動或路來相助。否則可能一生無大志。

↓例如龍動而虎長，可稱做有想法有作法。水局有到仍是可發之局。

虎長的地理，可以說是不敗的象徵。因爲古人常說，若願意當牛絕不會無犁可拉。指的就是行爲力只要擁有，就不怕沒飯吃的道理。這也是形家長眼法重視的理論，因爲我們提倡後天的力量，也是掌握自己的力量。

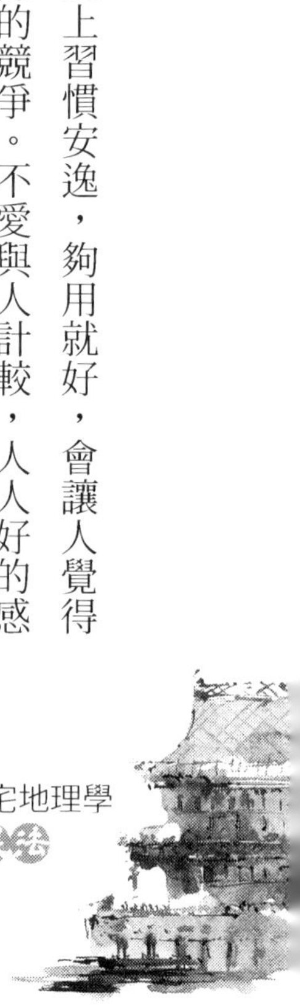

【虎軟】（虎邊有厝，但明顯比本宅和龍邊低）

例圖：

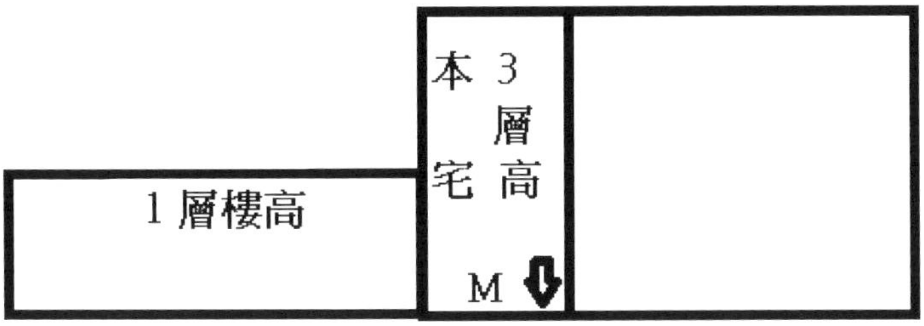

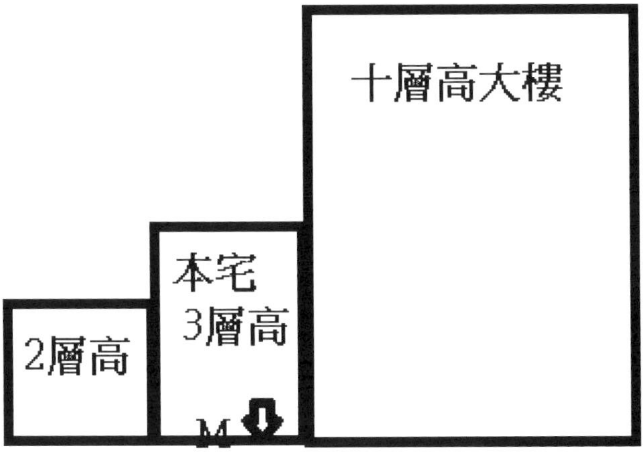

（病局現象的虎軟）

↓有爛好人的特性，久之易成慢皮。不愛表達看法和意見，也不愛理人。尤其是女人。虎軟而長，並不會有大傷害，但是在後山深陷之下或龍邊高壓之下，都有生大病的可能。好像風中之燭火，一不小心就有熄滅之虞。

↓虎軟，以求財角度最忌龍強，因爲勇於表達看法甚至言語上的爭鋒，卻不願力行。日久必損自己的信用。只能在特定的行業尚有生機，而且水局不能有錯。

天下萬物都是相對，虎軟的情形，自然而然的會特別依賴龍邊的特點。也可以說是特別想凸顯自我意識，難免有自以爲是的情形出現。對於求財或社交都要特別的用心注意。避免一人怨衆人，衆人怨你一人的窘境。

【虎失】（虎邊有斜屋，且連著本宅）

例圖：

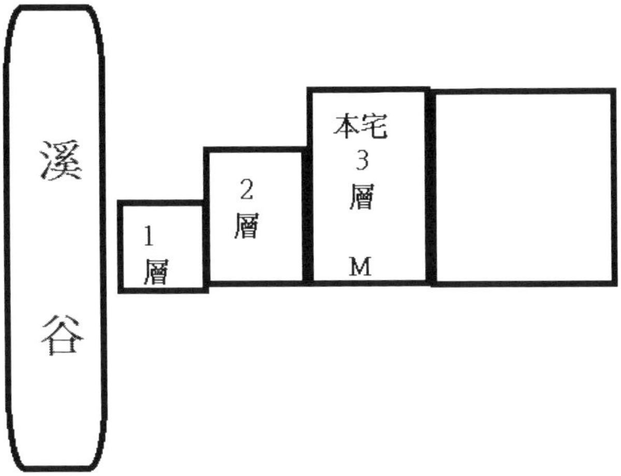

↓單局就可以論多病可能了。只要龍強出現，中年過後貧病加身。是一個最有可能引起中風或不良於行的局。身體健康的角度，寧願虎軟不宜虎失。因爲虎軟之下，內格局比較有改善空間，無論是求財角度或身體健康的角度。

↓比較沒有發的機會，以形局而言，但求無傷破，求安穩爲上。一生以安逸爲最佳狀態。最怕有過多的慾望。

↓在後山逼，則有承受不了的壓力，進而壓抑成病。

↓身體健康方面，再有他勢的傷破出現，都非長壽之兆。

相比之下，虎失的地理不如虎軟，有力不從心之感。就好像一個擁有雄心的人，但身體狀況不好，或後天力量不足而不自知。最後的結果當然很難讓人滿意。

【虎強】（要虎邊比龍邊強）

例圖：

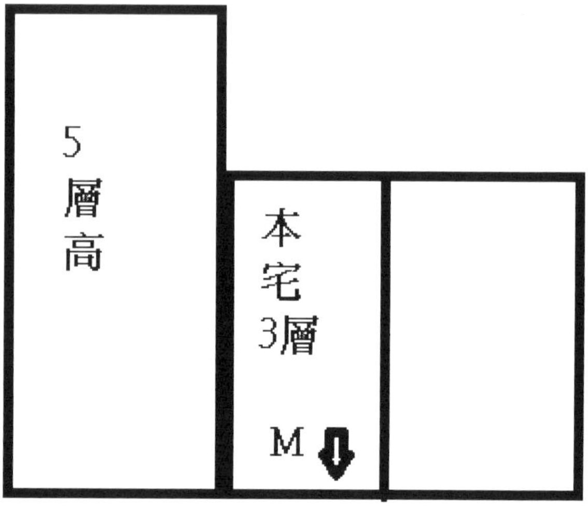

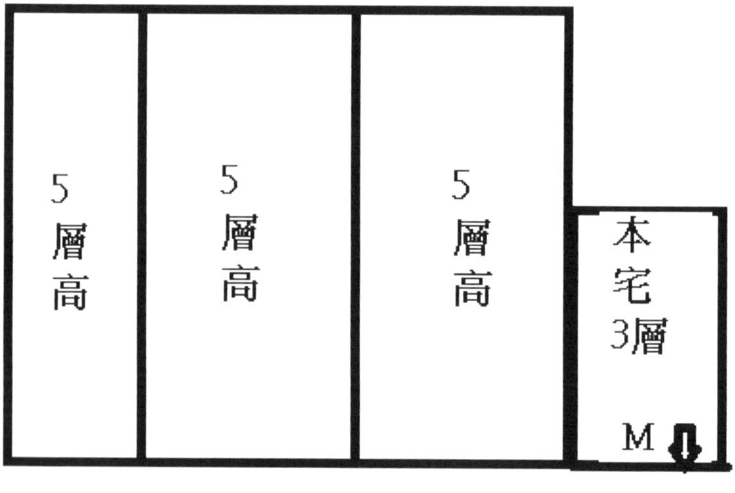

↓爲人做事方面有點強勢並且愛表現，率直而不修邊幅，甚至是粗魯的舉止。如果有後山則女人強勢。但是執行力強，乃是肯做敢拚的局，努力不懈。宜有後山方能增加持續力，避免欲振乏力，三天打漁五天曬網。只不過有後山的虎強，喜歡唸別人，認爲大家要一樣的拼才是對的。

↓虎強之下，而後山更強過虎，若前堂爲暗堂，會出自閉兒，易幻想，或者宅男！甚至自覺見鬼，加上有水入宅之勢（但沒入宅），則成嗑藥局，年輕人有尋求刺激的傾向。

↓虎強在無後山之下↓有如蟬頭燕尾，做事起頭熱卻缺持之以恆，而且會有亂搞的情況。爲求安穩卻不得安穩的無奈。

↓龍水過堂，虎強沒後山。卻有孤注一擲的勇氣，能擁有一時的財富。

【虎動】（虎邊爲小巷子）

例圖：

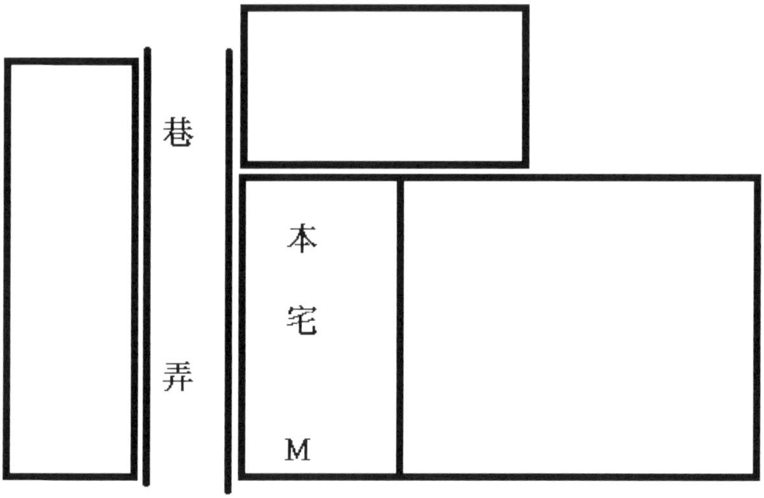

↓有如虎邊開口之意，最容易有車關之象。個性活躍，喜歡在外趴趴走人緣好。再加上有利可圖的事，則會有善於交際應酬的天分。喜歡從事業務工作或司機之類的工作。所以小心是非惹上身或身體不堪負荷。

↓但活躍的眞實情況，是會增加效益的還是徒勞無功的，就要看龍邊特性的指令，例如龍長之下的又前堂龍過堂，只想活躍在自己的舒適圈。

↓虎動再加後山強之下，從事司機工作，必有大車禍發生。因爲不夠沉穩，有種不受控制的行爲力。

↓虎動也是最容易引發桃花或婚姻危機的局之一，例如在自宅的側邊開門，肯定桃花朵朵開。

↓求財的角度，宜有虎過堂，能充分掌握住龍水帶來的機會。並有能力勝任而得到財富。

【虎動抬頭】

例圖：

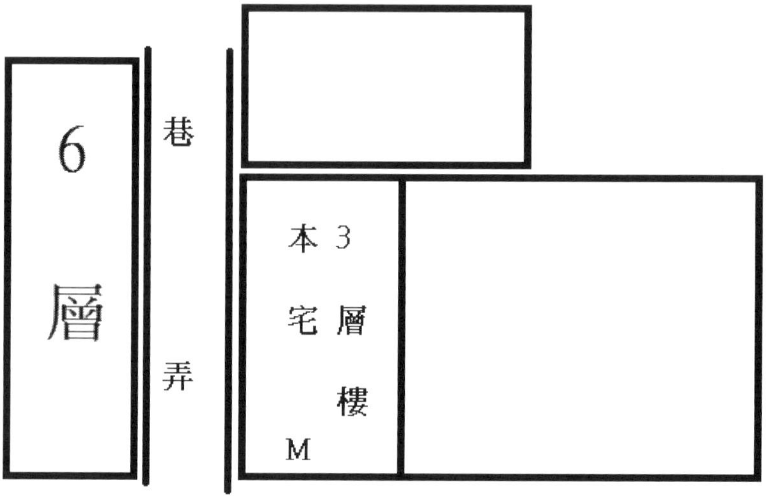

↓喜爲官卻不善爲官，喜獨自掌權，有當老闆的志向。也有不願平凡度日的企圖心，也因爲企圖心，所以讓自己能力過人。若龍砂方有大樓，則屬於領袖格局。只要水神有助，可成一方之霸，相反的若水神斜飛則是大敗之局。因爲容易自視過高。不屈居人下而用賭氣拚事業。只是不會輕易言敗。特別需要水神的眷顧。

↓玄武方若有路衝或暗箭，可能有死於非命的傷破。

↓婚姻的角度，女人坎坷，婚姻不吉，甚至倒貼。論男人則感情風波不斷，一個愛過一個。其抬頭的高度愈高，女人越是辛苦，越是有成爲女強人的現象。所以婚姻不保的機會就會大增，就好比是「大限來時各自飛的樣子」。

【虎路】例圖：

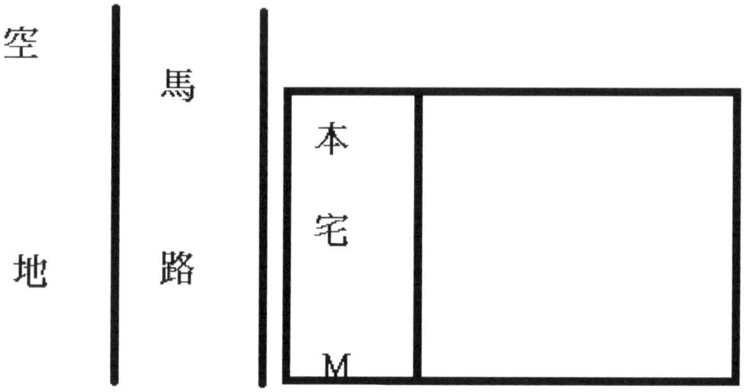

↓屬於行爲上的自由，無拘無束。生活態度開放，愛享樂郊遊，但不一定是活潑的人，適合沒有經濟壓力的人住，而且後山有建物更好，讓自己更恣意放鬆，快樂似神仙，但花錢如流水。有不安於室的感覺，家裡待不住。論女人的職業時，適合旅遊或演藝之業等等比較不受約束的行業。

↓而且因崇尚自由而且重物慾，男女間論感情，甚至有試婚的創舉。

↓忌四勢逢刀、箭必有傷殘意外，甚至死於非命。因爲路，是引動傷破最大的原因。不出事則已，一出事都是嚴重的事。

↓屋宅有虎路但是是歪的，婚姻一旦觸礁，就可能是一去不復返。

↓虎路逢龍強只有一個字……敗。因爲主觀性強的玩樂，通常敗在玩樂不知節制。

住虎路的房子，其人生態度是逍遙爲上，不一定會侵犯或干涉他人，但也最不喜歡人家干涉他的自由。所以若是有暗堂或逼堂的現象，女兒便有特殊性向的可能，嚴重的話會以同性爲戀情。因爲自私的自由，只想忠於己志。

【逼虎】

例圖：

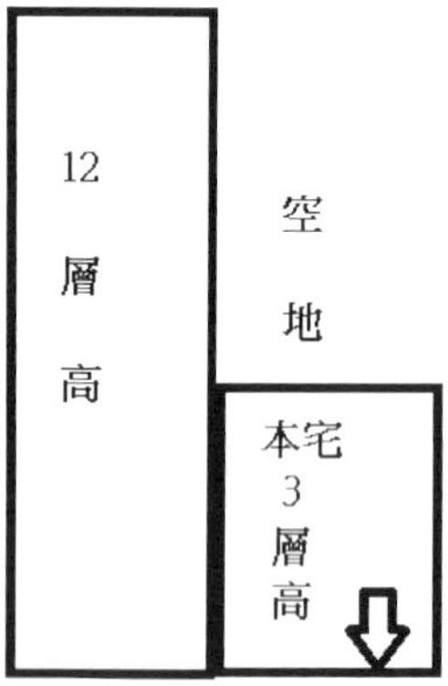

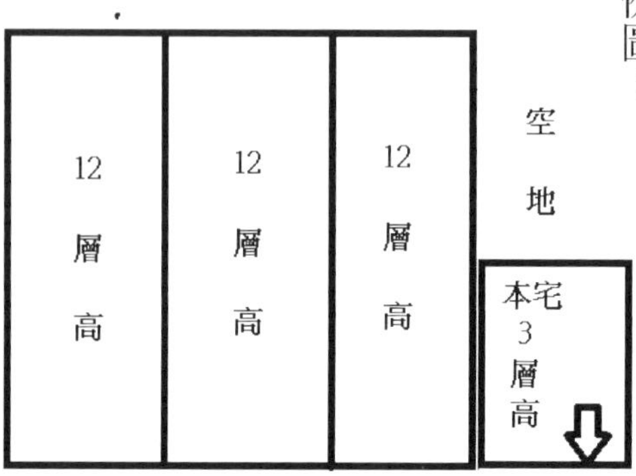

↓極至的行爲力，做事很拚，不管自己能耐多少的勤，求財的角度算是極富企圖心的。會有不顧身體健康的勤勞，常人所說的「做過頭」。所以也有無法持久的缺點，或是說成功也不會太久，有如抑苗助長一般。

↓在不論水神之下，最忌軟龍出長來過堂，會玩物喪志。而若是逼虎出長，前堂虎過堂，會因勞累而成病（尤其女人）。

例如：逼虎格局而無龍邊，中年後若會導致大病發生，大都是女人發生中風或肢體不良於行。很多書籍常提到的「逼虎傷人」，在陽宅學的理論，應該是傷自己居多，而非傷害他人的是非官訟。

↓逼虎的行事作風充滿魄力，做事有如用賭的，包含賭氣。不顧後果的執行。再有機會到臨，必能發跡。這是求財方面的大局。水神對了，定能擁有財富。

留得青山在，不怕沒柴燒。這是逼虎格局的人最需要給自己的警惕。否則過多的身體消費，難免有無福消受的遺憾。

【虎深】例圖：

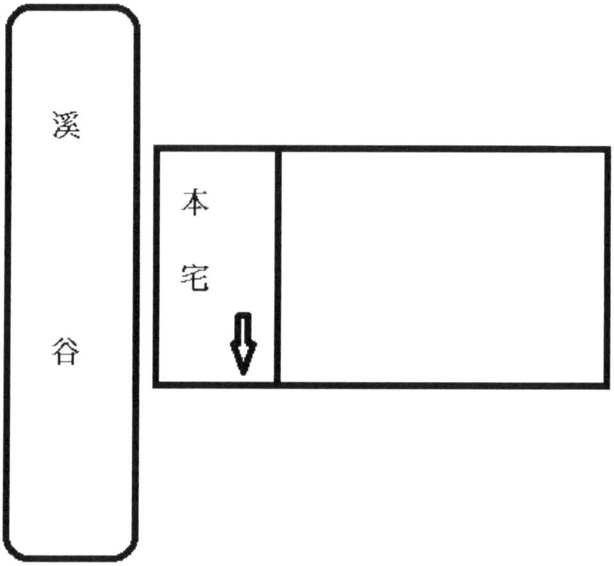

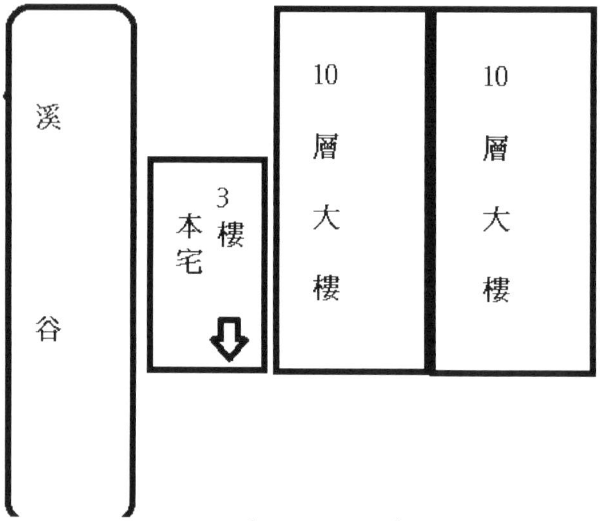

（大病的局）

↓後天失調，以健康的角度論，「深」的局也是一種傷破。身體狀況常感到虛弱的感覺。做事情提不起勁，生活中缺乏熱情的態度。加龍邊強便是大病的局。

屬於後天不足的格局。但是龍長越長，倒是可保平安。不問世事的觀念，雖不至於能樂業但至少能安居。

↓例如，屋的龍邊有路衝厝，若虎邊爲深，則會有生離死別的可能。大部分是重病而亡，以女人機率大於男人。

【虎來逼】

例圖：

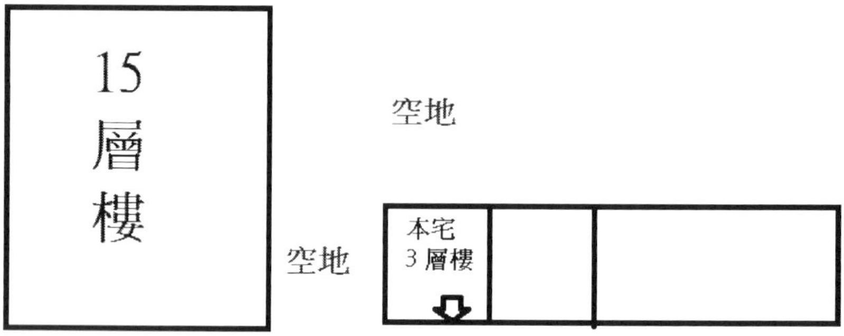

↓平時有養尊處悠的感覺，只有在危機到了或吃大虧了才有反擊之志。屬於被動型的企圖心。求財力道較不足，受到他人的刺激才會展現企圖的行爲。但身體也必較不損傷。亦可說是被動的行動力。

↓加上後山帶路，可幫助財運爭取。也可以減少心理上帶來的傷破。

【虎刀】（右邊的房子比本宅凸出而且高於門楣。亦有分小中大逼刀）

例圖：

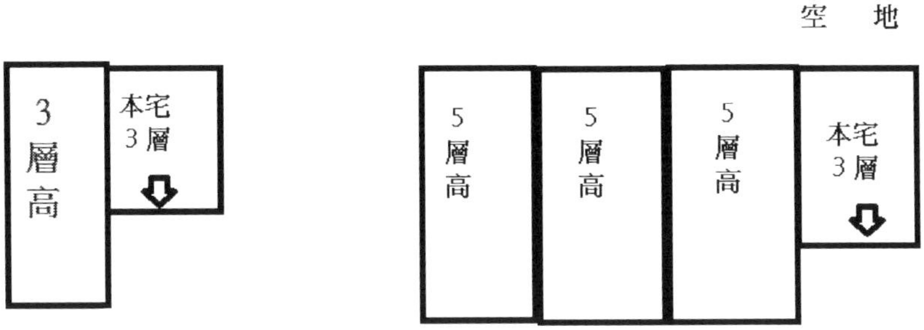

↓房子的虎方建物突出本宅就稱爲虎刀現，做事較有原則，也比較積極，喜歡分享方法，所以有給人愛展的印象，甚至是強迫他人當觀衆的意味，實則是熱心表現。

↓小虎刀（與本宅同高）有時讓人覺得急性，急於表現，適合站在舞台上，龍邊搭配得當，則能享受舞台。

↓大虎刀則有明顯的劫財之象，因爲重義重情，在後山是強的情況之下，肯定要吃虧於財務上。

↓虎刀在女人情感角度有癡心的特性，甚至到病態程度。但在沒後山之下，一旦被無情對待就會萬念俱灰，不過不會離婚。在有後山之下的虎刀，女人會用不講道理來釋放受委屈之氣。

↓帶虎刀在後山逼之下，虎刀前凸太長則有中風的風險。就好像背負著無窮無盡的包袱責任。不完成不能作罷。

↓虎邊帶刀而前堂龍砂方有分岔之象↓不利婚姻圓滿，離婚的機率很高！因爲癡心女遇到薄情郎，會徹底死心。

↓虎刀現最怕沒有表演舞台，容易自暴自棄。虎刀現，若是龍過堂，可以視做是女人地，女人比男人才情，但愛情觀容易愛不對人，帶著眼罩找愛情。一生爲情所累。

↓虎刀出，男人有不分場合的缺點，但善於表達眞性情。雖然不見得能讓人接受。失意之時會有鐵漢柔情的脆弱，令異性同情。

↓以求財角度，宜出虎刀，而虎過堂，能掙得一片天地。尤其是強的虎刀。

【後山】（也稱爲玄武方，巒頭學上稱之爲來龍）

例圖：

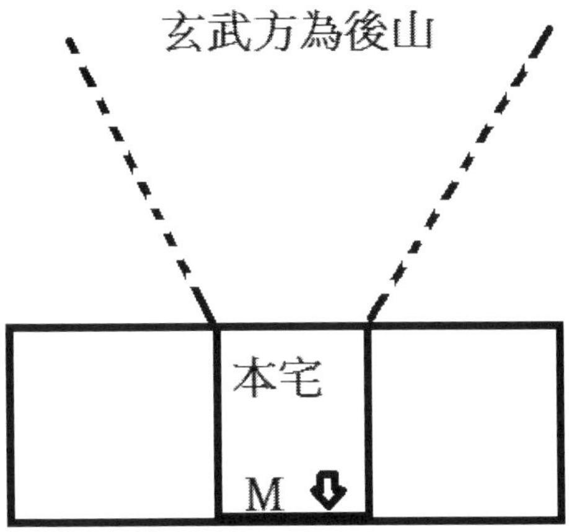

↓有如人的本質一樣，也好像是龍虎邊的鑰。能給龍邊帶來直接的影響力。給虎邊帶來推力的變化。

↓吉凶禍福應驗分陰陽的地方。例如龍過堂，若後山是軟，則屬於陰貴之地，女人較有才情，但也比較辛苦。但若是論病，後山深的話，女人得病。

自古華夏思想，有封建的觀念，也有以農立國的基本國策，而農業耕作需要大量人力才能帶來足夠的收益。所以無形間影響了堪輿學術的觀點。

【後山深】（就好像陰之逼）

例圖：

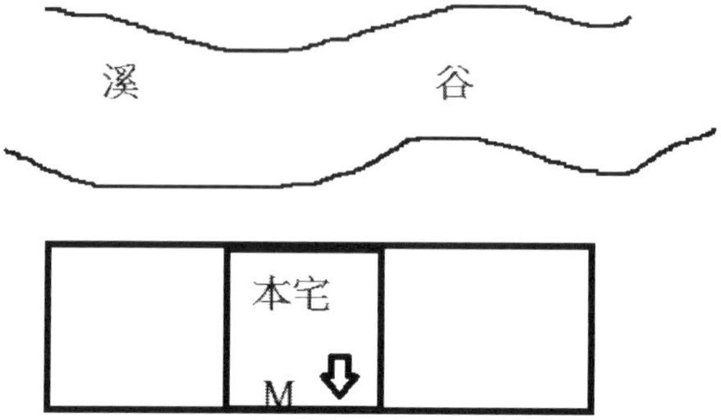

↓以家庭和樂的角度看後山深，那是不吉的格局，因爲家人間會有記恨的憾事，家庭感情較難熱絡。但在事業或求財的角度，則有不認輸的韌性，能沉著應變，適合掌控大局的人，可以說是擔當大任之格。

↓雖然形局是深的，但也是有推動力，是屬於先忍再爆發的情形，也可以說是先觀望再決定的意思。亦有狠心的特點，存有報復心。君子報仇三年不晚。

↓身體角度較容易感到虛，彷彿常常生病。尤其是女人，皮膚不好。除非他勢有動有路，可化解身體不佳之缺。

↓後山深，忌用水催財，會造成難以生孕。

↓後山深，四勢只要有橫刀射厝，必然引起動刀型的大病。

【後山有動】

例圖：

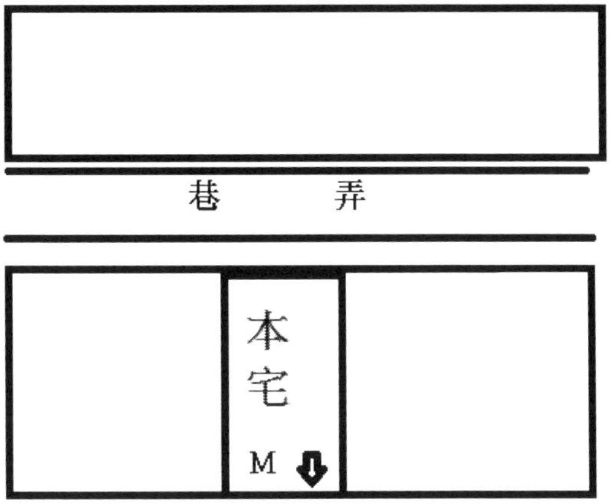

↓不甘寂寞於求利，能勤快於如何賺錢，有做生意的天分。尤其是男人有斤斤計較的本能，而論女人求財的觀念則是大小錢都願賺。也是堅持的一種。

↓後山動後再有大樓（稱之爲後山抬頭），有獨立開創事業的想法，日思夜想都是當老闆的念頭。只不過在龍長之下，會讓想法變得保守，雖有創造力但包袱跟顧忌也多，通常在父母雙亡才能創造。

後動抬頭例圖

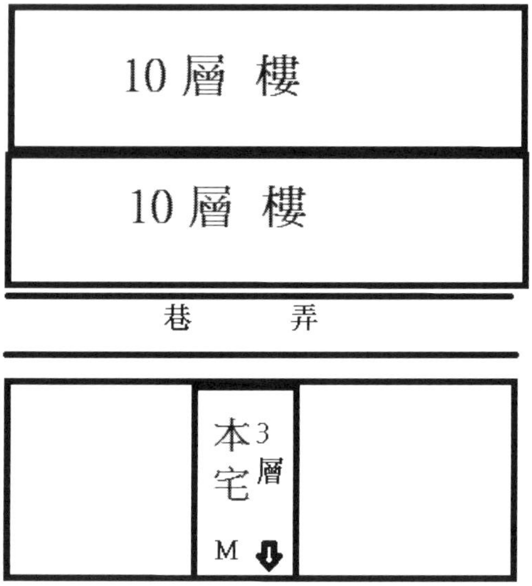

↓後動抬頭，年紀小卽有創業心，尤其是龍過堂之下，但是若沒有虎邊的助力，必以失敗做收，因爲永遠停留於計畫中。

↓後山有動，最能引動龍邊帶來的傷破。例龍砂方出岔，桃花難躲。

身體健康的角度，腦部運用過度總是勞。所以後山有動，表示腦子難以得到完全休息，久之便有腦神經的衰弱傾向。甚至會有早衰現象。

【後路】

例圖：

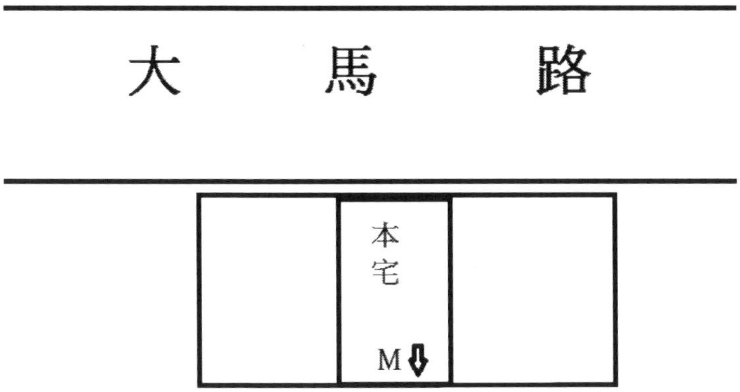

↓雖然也有勤於利的本質，但是不甘寂寞，當求利與玩樂相違背時，通常以玩樂爲先。並且生活習性容易有夜不歸營的現象。論男人性情時，較缺乏承擔責任的勇氣。

↓後山路若爲直路，就好像「荷葉載舟」，野心大，人心不足蛇吞象。賺錢的心思較狠，但也容易被劫財，常感到自己犯小人（尤其女人）。有以小搏大的野心。加上前堂暗，小心桃花問題。

↓後山直路若龍虎其一有傷破，家中早有傷亡事。

後山帶路也是女人較得利較能出人頭地，不過也比較會爲物質所迷惑，略帶嬌性，個性大方開放。後山有路加上虎邊帶刀，女人桃花能成煞。如下圖：

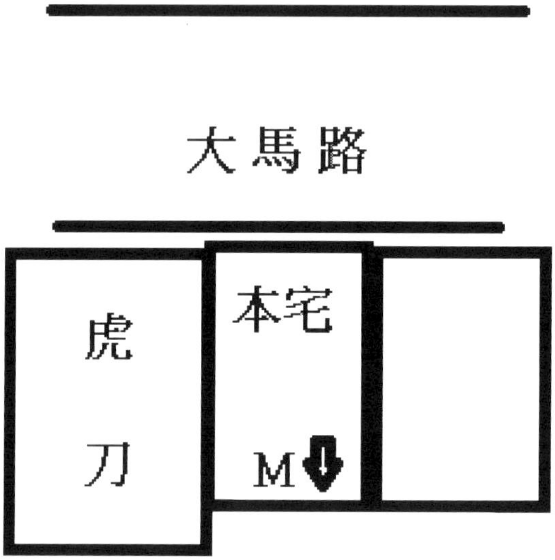

【後山強】（屋後是山，或比其他勢都高的建築物）

例圖：

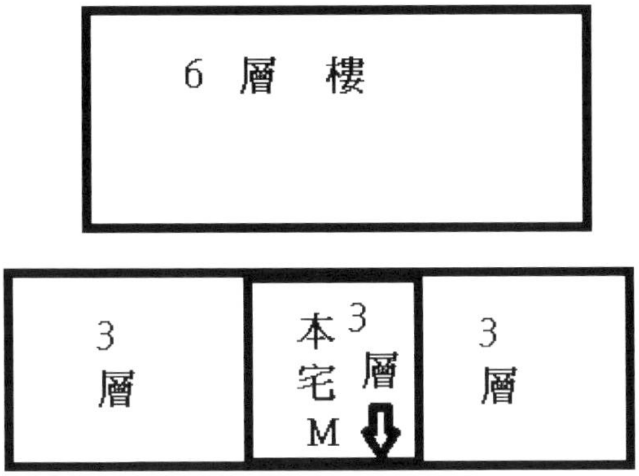

↓外表看似強勢或讓人覺得威嚴，論男人性情時有木訥的特點，遇異性獨處更是不知所言。但遇一般事情，個性果敢，勇於付出。不過有時也太以自我爲中心，難免誤判情勢，失誤或懊惱連連。

↓後山有強物，在做事業方面，放不下，看不開，無法清心。事必躬親。因自感背負包袱責任太大深怕錯誤。前堂不夠寬敞，則易生精神疾病。

↓後山強能直接將龍邊的特性推出去。例如後山強而龍邊帶動之下，能掌握賺錢契機，有大發的機會，但是水神不對的話，也可能一敗塗地，動搖根本。

↓若後山強有壓本宅之勢，加上帶龍刀前伸，則有中風之虞。帶虎刀前伸，肢體傷害難免，甚至中年過後便不良於行。

↓後山強，若有虎身出長承接包袱壓力，反而能因勤而致富。

【後山軟】（後山建築物比本宅低卽稱軟）

例圖：

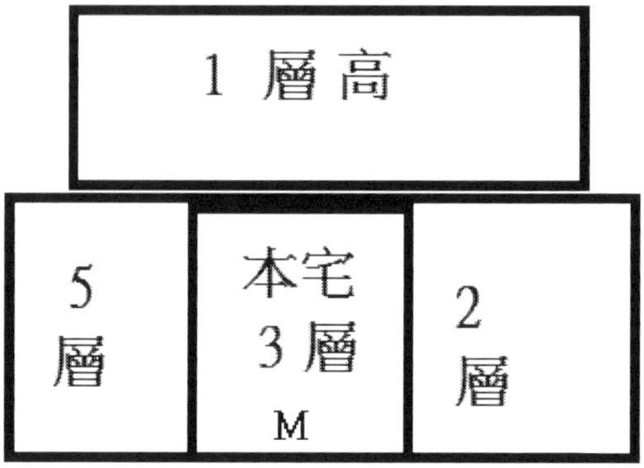

↓整體來論後山軟比較不會有傷破，有傷破也比較不嚴重。給人溫和之感不直接與人計較，凡事先求自保。但缺點是有坐享其成的念頭，缺乏衝勁和主動。單局論財運比較不佳，但會因他勢的強勢，產生質的變化。

↓若其後山軟是拖尾的，則更是嚴重，毫無鬥志。尤其拖到河邊，更是會引來病局。宜搭配刀或動可改財運之不足，但病局改不了。

↓若後山有靜水也是軟的一種但會帶病，婚姻論也是傷破，夫妻難透尾。

有貧賤夫妻百事哀的無奈。如下圖：

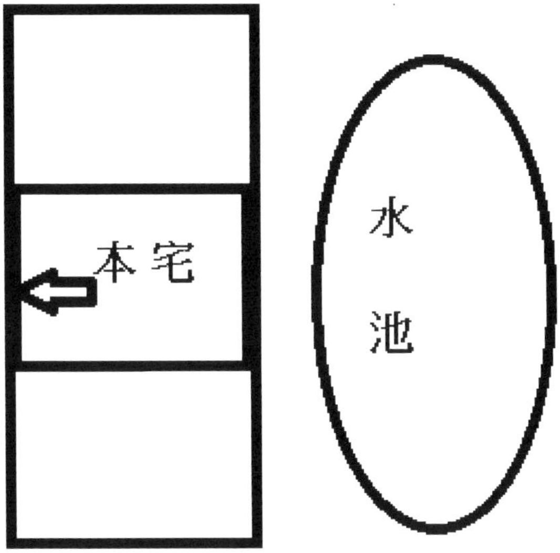

【玄武來龍不正】

例圖：

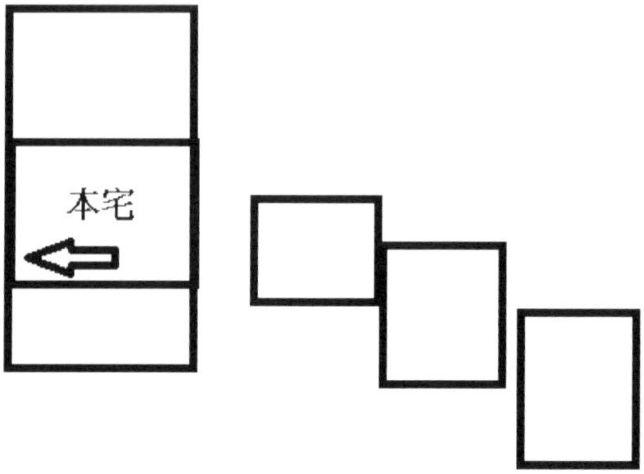

後山歪，在不論其他勢的前提之下，給人只想走捷徑的想法。所以若龍邊也不正，就必然有做壞事的傾向，也可能有心術不正的現象。此局最須提防的就是官司的問題了。

例如：

↓後山歪而虎邊出強刀，乃出盜匪之局，並有死於非命的可能。若只是小虎刀，則只是小流氓之類，官司問題較不明顯。

↓後山歪，而前堂昏暗，婚姻的生活總是不正常。裡外雙灶或者說楊花依旺水而生，都是可能之事。

↓後山坐不正，若是強勢的不正，則必此出歹兒，警方常客，以惡爲常態。

【玄武帶刀】

例圖：

（背龍刀）

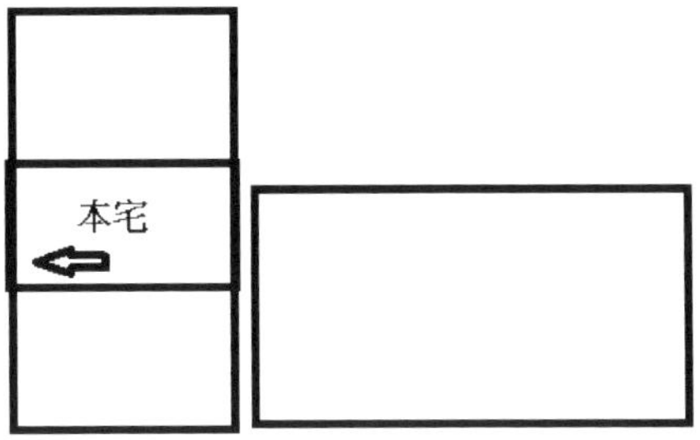

（背虎刀）

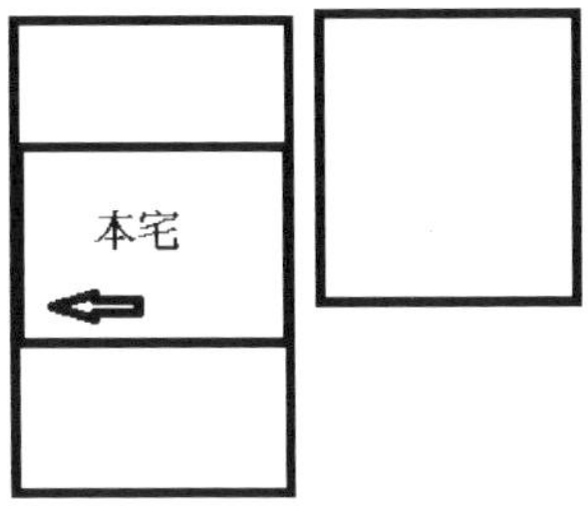

①後山刀由虎而來（背虎刀），爲人豪爽帶有兄弟人口氣，尤其是二房。其刀越強越有劫財仗義疏財之象。

↓論女子有如鐵骨仔生，身材不見得粗壯，卻有體壯之氣魄，努力做事，不服輸。若是再加虎強則更加明顯。

↓例如：後山有強虎刀而龍邊帶動，則有意氣用事的缺點。有明知不可爲而爲的傻氣，會帶來的傷破，而且來自後天的行爲。

②後山刀由龍而來（背龍刀），倔強於內心。執著。但會自我鞭策。若是強龍刀，則有研究專業的天分，能爲了專一事情而執著。背強龍刀能改善四勢軟帶來的不足。例如無龍無虎的孤宅，可以因背強龍刀而出人頭地，享有社會地位。

↓背龍刀而逢龍動，可以用智去求利，但也容易帶來金錢的官訟。因爲會過於賣弄自己的聰明才智，也可以解釋成輕忽敵勢。而且不知如何看清場合。

↓背強龍刀的局，遇到龍邊有路斜飛而出，家中難免出敗家之兒。不敗光不死心。若其龍路之水來自於後山的元神之水，再於砂方斜飛而出，必動搖家族根基，甚至連根拔起。

【逼後山】（後山高過龍虎或者單靠）

例圖：

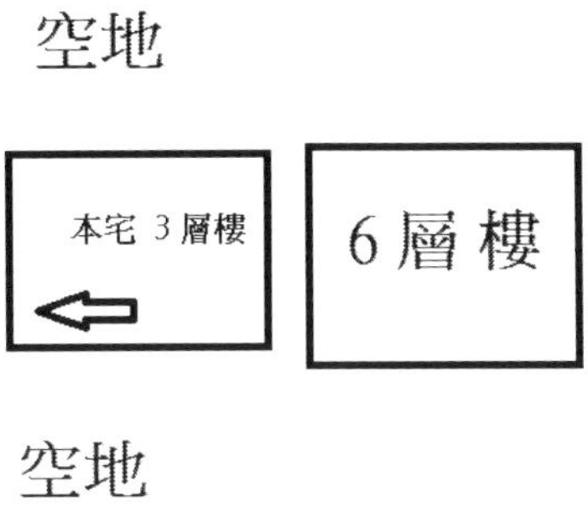

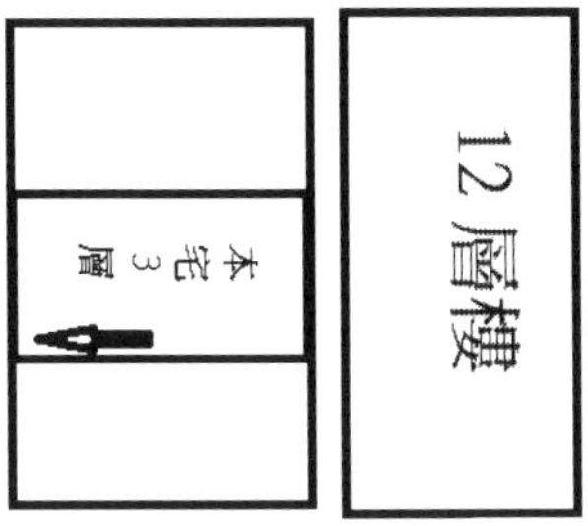

↓霸氣十足、一生勞心，凡事放不下心。事業野心大，敢以小博大，求財的角度有如視死如歸般的勇氣。但不宜與人合夥做事業。

↓有特殊的宗教觀，有如特殊感應到神靈，宗教用地若有龍動，卽使水神不聚，亦能興旺。加上龍長龍過堂，小心信仰上走火入魔。

↓家庭觀，會放捨不下親情，但也容易被親情所害。

↓後山強壓本宅，其勢會直接牽引起龍邊的隱藏特性。

例如：龍邊是深，本是論有深沉的思維，但在後山強逼之下，其龍邊的隱藏個性會被引動了，變成了心狠的特性。如再有虎刀出現，則更是凶殘成性。

後山逼，就好像背負著滿滿的企圖心，急需要舞台釋放。若他勢有引動釋放之機，都可以扭轉乾坤，化壓力爲力量，必有出人頭地之日。

【龍砂方】（宅前左半方皆是龍砂方）

例圖：

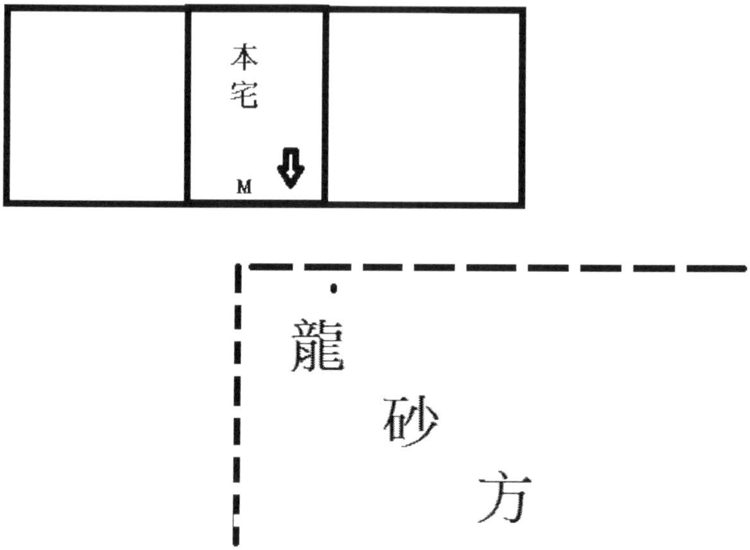

↓又名事業宮或夫妻宮。最主要的功能在決定水局的流破或解方。代表著做事手段或風格和處事方法。乃是人生中進入茁壯期的關鍵點。

↓古人云勸人寬宏大量會：請手砂抬高。指的就是在進入茁壯的階段要將人生格局抬高，爲人才會得到名望。也就是龍砂方有高物。但龍砂方抬高，通常爲龍過堂，做人難免以己之視而觀天下或爲人過於剛硬，若屋之四勢有傷破，則會傷到自己，也容易因目標過高而自我挫折。

↓龍砂方也是觀察家庭婚姻是否美滿的重點。因爲常言道，若無健全的婚姻家庭關係，則進入壯年期的人生也很難美滿。龍砂方乃重中之重的地方。是身爲地師者不可忽視的地方。一時失察，則可能造成福東家破人亡或生離死別。

【龍砂帶刀】（砂方有明顯的高摟）

例圖：

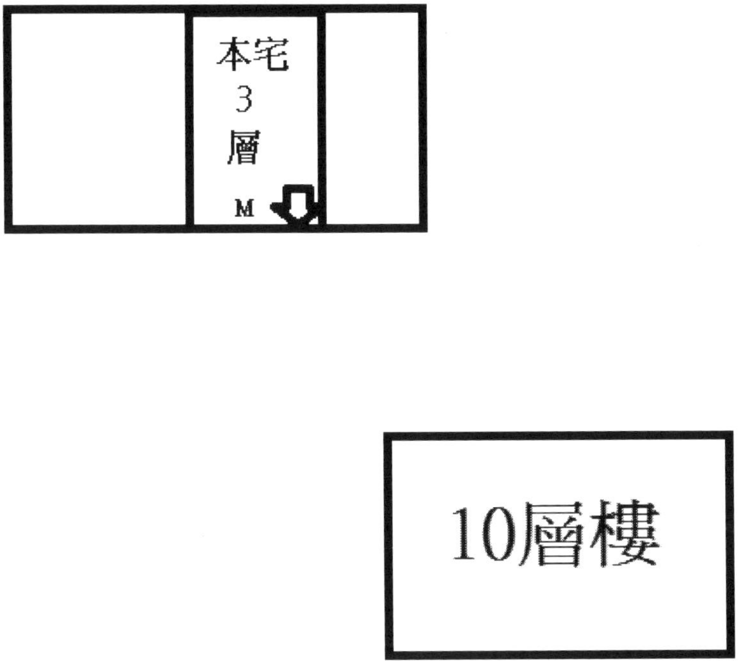

↓做事情的態度比較強硬，堅持原則不留餘地，相對來說較無混水摸魚的成分。所以也常讓自己陷入高壓力的狀態。也是一種堅持的意思，不成功很難放棄，求財角度可以得到高名聲。婚姻角度，夫妻容易意見相左爭吵或相敬如賓。

↓龍砂帶刀龍過堂，加上前堂太近，會常常感到犯陰的感覺，疑神疑鬼，進而造成家中不寧。久之鬱鬱寡歡成疾，嚴重者有輕生傾向。

↓求財角度，有後山強、有龍動，屬於少年得志之格，年紀輕輕卽有賺下傲人財富的可能。同時也容易犯桃花官司。宜虎長來過堂，能保有名望和利潤。

【論龍過堂】（前有物由左前方包過宅前堂）

例圖：

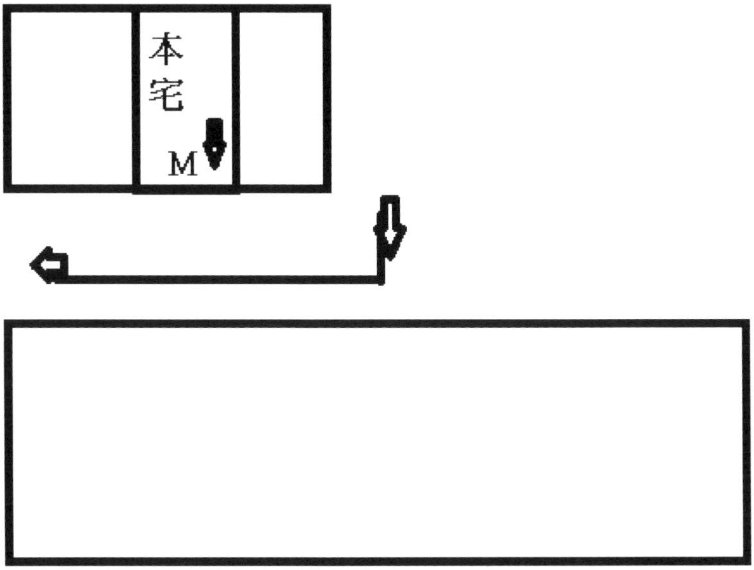

↓有遵從禮教的特性，猶如女人的三從四德，能承家風，理論中深藏著中華民族固有的封建思想。但四勢有傷亦會加重其刑。有事不說會掩藏，好像茶壺裡的風暴。適合從文求貴的時候用之。

例如後山有刀從龍而來，再有龍過堂，雖然能學有專精。但也有閉門造車的缺點。宅前右水到左的話，能安穩度日，安身立命。若左水過堂的話，則會有怨天尤人的習性，讓自己的硬脾氣給害了

因爲有封建的男尊女卑觀念在，所以適合女人，因爲對女人有與生俱來的約束感，雖然不見得公平，但能讓女人得貴，也較有才情，尤其是後山軟之下。

全局若有來自想法上的傷破時，若前堂爲龍過堂，則會更加重其害。單論龍過堂的意義，其精神上的優點勝過實務上的人生觀，所以最怕水局的違背，則會有徒留理想而不見容於社會的感慨。

【虎過堂】（前有物由右前方包過宅前）

例圖：

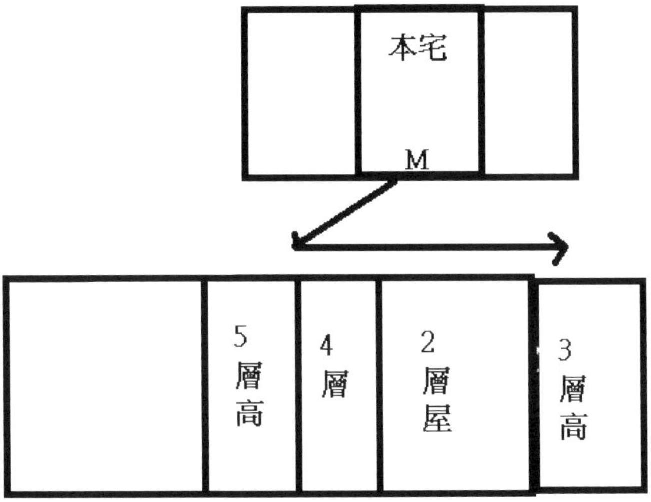

↓純粹論個性時，爲人率性，有熱情的特點，因爲會從外在的狀況反思其內。

由外而內的心態，看似不居家卻是爲家。而且能補虎邊的不足。例如，需要虎邊實體的行業，但無足夠虎邊時，內局安排成虎過堂，就能改善行爲力不足的缺失。例如前堂是龍水過堂，若虎邊有動並且是虎過堂，無其他傷破之下，壯年過後必能事業有成，享有社會地位，尤其後山有建物。

虎過堂的形局，是從虎方去判斷前堂的境界，就好像可以先從外部的觀點去做人生的理解，如此可以增加住人的社會實務面觀點。於現代人實務爲先的潮流之下，似乎更有其生存的優勢。即使水局不甚理想，亦不會有太大的生存危機。

＊在內格局調整地理時，善加利用龍過堂和虎過堂的原理，可有驚人的效果。

【暗堂】（前面建築物倒下能碰到本宅）

例圖：

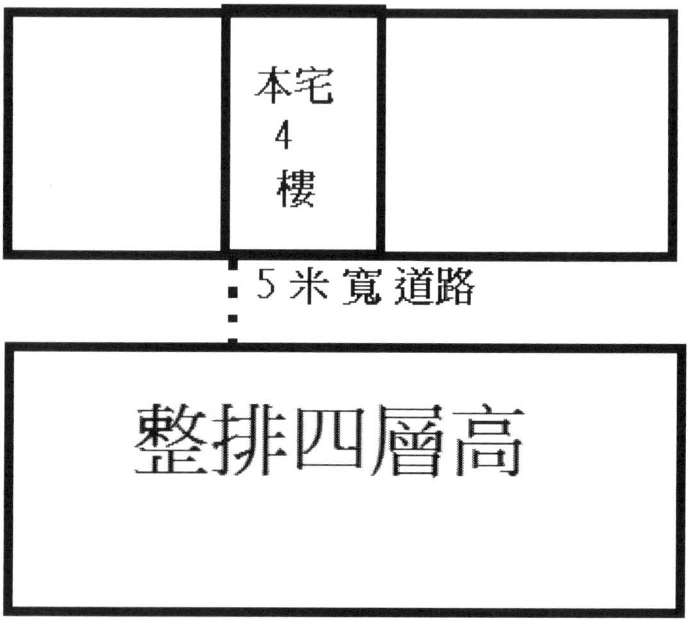

↓雖然有壓水入宅的功效，但論性情時容易有眼不明的特性。喜歡自我摧眠。而且有不願面對現實或者封閉自己的情形。尤其在婚姻的角度上，雖然能容許小錯不願計較但必成大錯而自我煩惱。因爲暗堂，於形局平衡的角度而言，是有偏孤的味道的，所以會有不願溝通的特性。

↓論眼界稍嫌不足，胸無大志，倒也是可安心立命。但女人則比較辛苦對未來悲觀，有苦先忍或吞下，也有盲做的的習慣。不利婚姻。龍過堂之下，更形嚴重。

暗堂主要是在住宅的部分要特別的留意，因爲心理上的起伏較難掌握，實在不利幸福的要義。不過若以小店家小工廠而言，有時卻是讓人覺得因特色而獨樹一格或獨一無二，反而有利可圖。

【逼堂】（前堂之物高壓，對本宅形成壓迫感）

例圖：

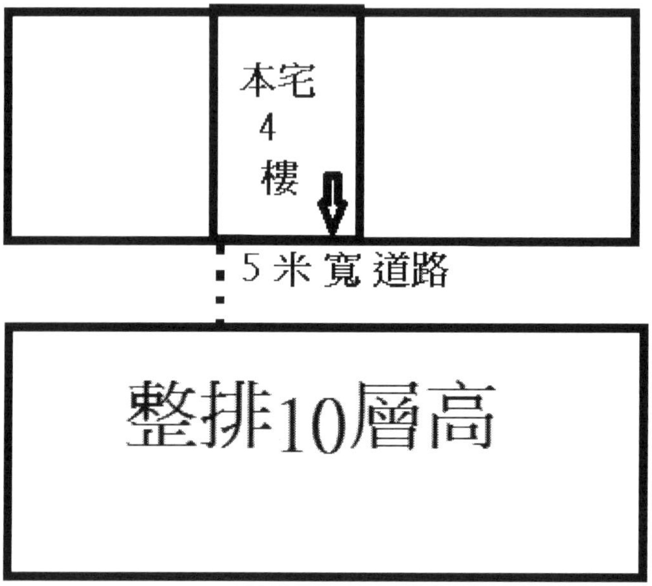

↓眼光不明又有執著的習性，對未來的危機感過於嚴重。久之能讓人失去理智，也會失去判斷能力，嚴重的話就會變成憂鬱的疾病症。若內局的設置也是不夠明亮，則會出愚痴之人。自閉症也是其中的隱憂。

↓後山軟之下，雖然有催文昌的功能。但只適合臨時抱佛腳。逼堂的時間過長，有可能會變成書呆子，雖有讀書的樂趣，卻學而不致用，只能在有範圍的部分做學習。而且甚至會適得其反，例如壓力承受不住而放棄不前。

↓論婚姻，乃吵架之源，生活中無事不能吵，因爲生活中常感到莫名的鬱悶。而且常常處於懊惱之中。夫妻之中甚至會先走一人，難以白頭偕老。四勢中有強出現，則會有家暴或大打出手的情事發生。

↓在後山有背強刀或箭衝後山之下，大病臨身。神仙難救。

【論水神】

水乃養命之源，又稱財神。有分眞水（宜彎曲而來）和暗水又稱路水（則不宜彎曲），彎路之水卽使入宅也是有傷破。水神乃陽宅學中關鍵再關鍵的理論，能顚覆勘宅之吉凶定論。因爲人性之吉凶很難超出於求財之因。正所謂人爲財死，「鳥爲食亡、人爲財死」正是此理。

而明水入宅雖然可以帶來快速致富機會，但無法長久，尤其形局若是無好的配合。因爲水能載舟也能覆舟，不可濫用明水催財，取用不當，財未到命先亡。不知深理而隨便教人用水催財，可謂害人不淺，不可輕忽。例如在入門龍方處置水族箱，太大必引起病痛侵身，或導致親子間緣分冷淡。

水神只要能明顯過堂前而不斜飛，就有不敗的機會了，就好像富足的世界，人人有機會。但是永遠都只是機會，是否能掌握機會，要看四勢形局的變化。

簡單論之，龍水較有企圖心，也較有一時大財可取。而虎水乃細水較能長久。

古文有云：人生在世爲水而生。說的正是人的一生，汲汲營營度日，有人甚至付出勞累，付出健康，甚至更有犧牲家庭幸福的，爲的就是要賺得足夠的錢財。所以形家四勢的理論乃是爲水而存，使之取水得當，不損健康。例如拜堂水遠遠朝本宅而來，坡度過急，若無龍虎身邊相傍護衛，則必因財而病。而且只是一時之財。

形家長眼法勘宅觀念重點

長眼法對陽宅地理論點不會只講吉凶，而是說明格局的特性，並且要確立論斷的用神類別。例如論求財或論意外就不是同一個觀點，不能等論。因爲我們相信每個建物都不可能全凶或全吉，例如有的住宅利於財運卻對健康有傷破點，又例如一間公司求財不是問題，但公司營運官司連連，這都有可能是只重視水神而不知形局搭配的重要性。

陽宅風水豈能單純二分法。必須依據用神類別論好壞格局。

判斷好地理之大概依據（仍須針對用神類別）

①得形（人性）

②得勢【又分形勢（小）和局勢（大）】

③得水（水神佳）

三得其一便是及格的地理。得二便是令人羡慕的格局，三樣全得，就是大發格局。

【得形之例】

龍邊帶刀，再有龍來逼，亦有發的可能。但背龍刀再有龍來逼，卻只是帶來倔強的脾氣。

例圖：（急於出人頭地）

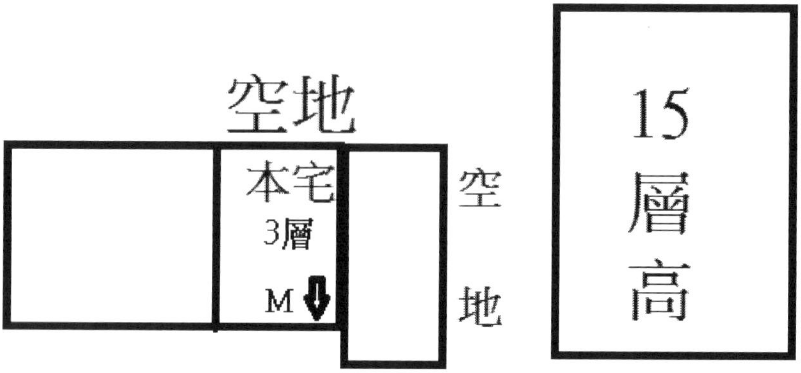

【得水之例】

前爲順弓路的房子，水由左到右，在砂方有大樓將龍水反跳送入宅。

例圖：

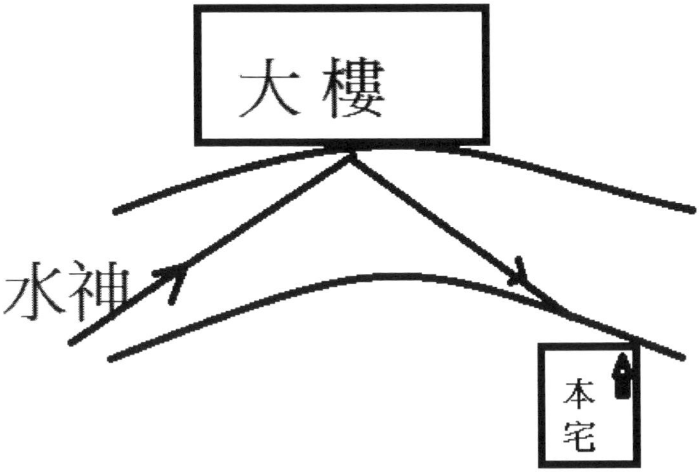

【得勢之例】：表示能得到外堂局的形和水神配合。

得勢，於陰陽之道論之，就叫陰陽交媾。可讓格局立於不敗之地。四勢的搭配若是高分則更能富貴長久。

例圖：

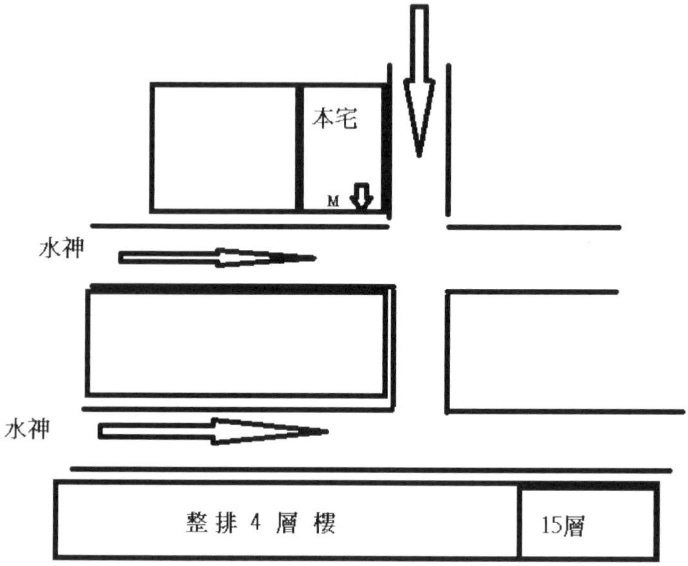

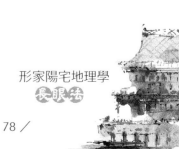

【再次提醒】

以上只是單局的意義，其義在互相搭配之下尚可做無限延伸但有邏輯推演的解釋。單局很難妄言吉凶的，陽宅就像人一樣，會有形形色色的個性或想法，誰也不能肯定什麼樣的個性是對的。封建思想已不能適合於太空競逐的年代了，所以思想已是百花齊放的年代，成功的模式更是不用拘於特定的形式。陽宅的單局特性只是會給住人一個個性的養成。四個勢的單局經過和局的邏輯推演以後，特性若有互補的效果或者說加乘的效果，則一定可以讓住人有相當程度的助益。

最後再考慮用神和職業類別選用是否搭配，才可知本宅的優劣。論斷方能準確。論斷準確才有改變的方法。切記，住宅和求財用的地理，絕對是很大不同的論點。

黃誠宗老師整理

第二部分　案例分享

《案例一》【專門轉包工程的公司，卻債務越築越高】

例圖：

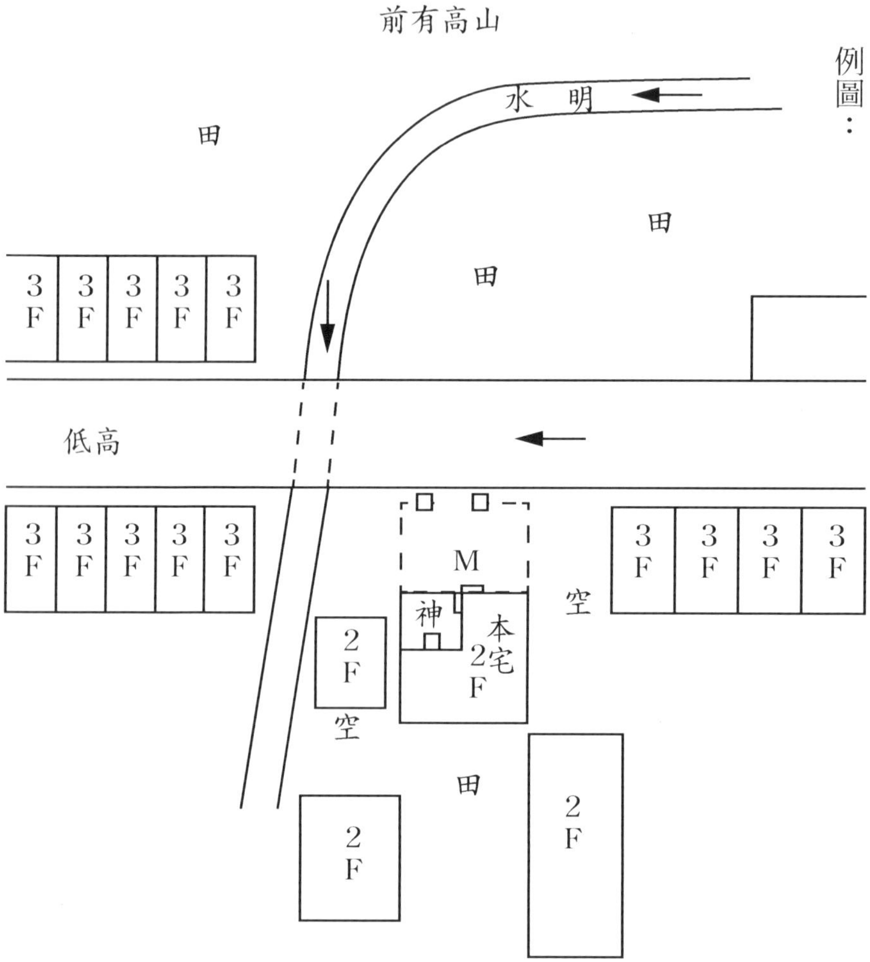

前言

一間每年接單將近二億元營業額的包工工廠，爲何會成爲有訂單無利潤的狀況呢？一開始錯誤的經營模式，延伸成挖東牆補西牆的窘境，明知無利潤的工程也要接，只因爲貸款快到繳款日了。如此惡性循環，何時是個頭呢？病急亂投醫的情況下，只要有人介紹老師或師父，也不分辨其功力如何，有方法就照辦，如此幾番的勞師動衆，也不見得改善，反而讓債務越築越高。落得家人從此不信任五術界的老師或師父們。

筆者有幸成爲其找的最後一個老師。只不過，他們對老師的信任感已經極低了，加上調整一間不算小的廠房動線，所需要的工程費也是一筆不小的預算。最終家人眞的不敢再花錢了，所以並沒有採納我的改善方案。實在可惜啊！

就讓我用地理的角度分析一下

此工廠的大局而言，有逆水局的現象。但無龍虎邊的勢來拱，形成一個只看的到而吃不到的局。就單論逆水局的特性，難免有樂觀過頭的特點，而要迎水神靠的是實力而非樂觀，而且既爲工廠便不能忽視後天的行爲力模式，沒有龍虎形的護衛，就有缺乏實力原則的缺點。

而且主建築有軟龍而無虎邊，加上玄武方雙刀之推，就有受不了誘惑的盲目野心了。龍虎勢相比之下，龍的力量還是高於虎。不利於工廠的地理特性。有一種只願想而不做的意味。後方的雙刀之推只是更顯鋌而走險罷了。

內格局的布置，主體無靠只有安神位的側邊有實體龍邊之靠，而且內局通道和辦公室的門位置，形成龍過堂，因爲此神位並無踩實地，所以即使前堂有水過堂也收不到水。只會加深其盲目和固執，而且只想乞求神明之助，將希望寄望在無形的力量。

結論

實際上，負責人的老婆本來是不再信任老師的，但是很誠懇地對筆者說，我論斷得很正確。連她先生經營的心態和窘境，都推斷的離實際不遠。衷心詢問筆者，已經不知如何是好？眞的只有破產一途嗎？因爲他們已擠不出改善廠房的工程費了，多年累積的創業惡夢何時能解脫！我的答案是，該不該破產，只能自己決定。但依外局來說尚有改善的方法。不過擠不出改善工程所需的費用。那我就無能爲力了。改變從來不會是不用代價的。至於爲何遇到的老師所提供的方法，最終都只是浪費錢。我只能說不理性的信仰，是很危險的。

《案例二》【居住陽宅之變化↓小傷破變成大傷破】

例圖：

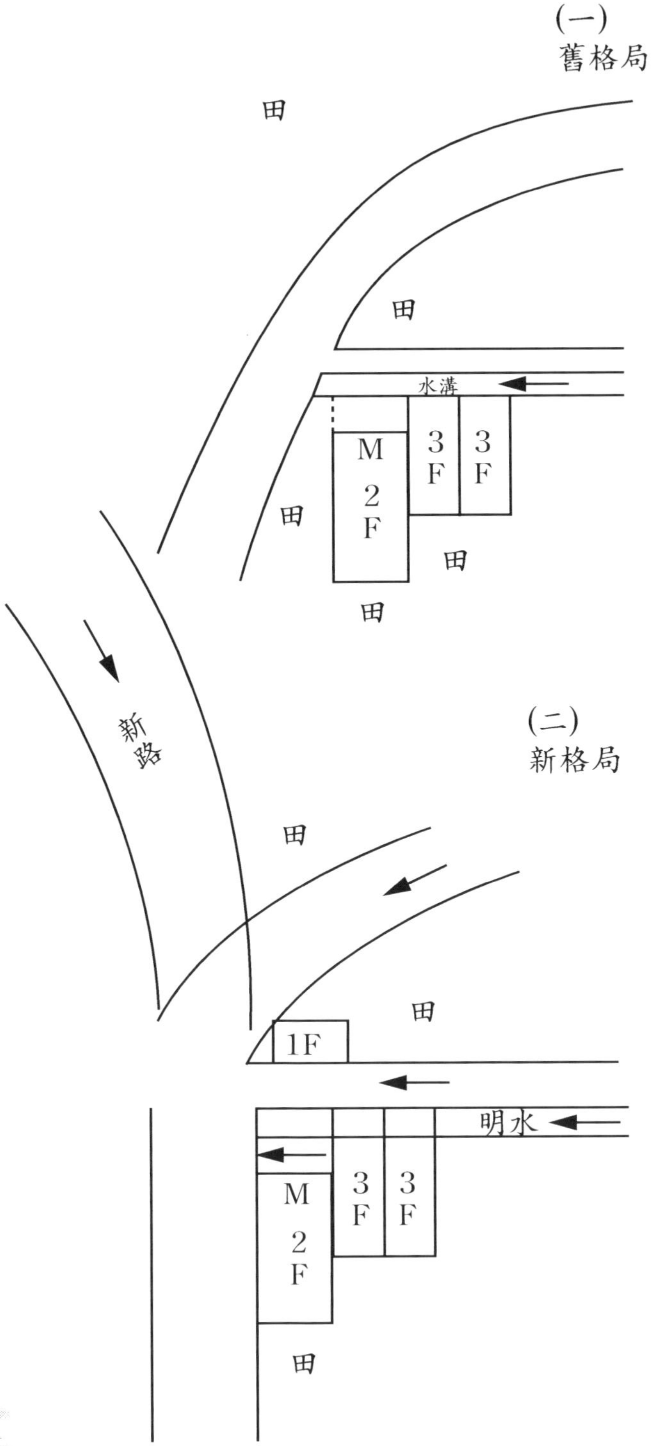

地理格局分析

如第一原圖：原本此宅（紅色框）還只是一個肯拚但稍欠扎實的格局，並無太大的傷破。但後來旁邊開大馬路（第二張圖），本來大馬路是有可能帶來大水朝堂的。只不過這條大馬路來的水神也被前面新建的鐵皮屋給擋了，水神全無又引動了許多的傷破，就變成很可怕的陽宅了！

第一：虎邊有強刀出，在缺乏後山牽制之下，以做事業的角度，本就有缺持之以恆的行爲力，甚至有亂搞的動機。而且愛展現無謂的氣魄。有可能會出流氓或逞兇鬥狠的子孫。吸毒現象，離婚更是無可避免了，家中已很難有寧日了。

第二：老天爺的眷顧總是那麼情不甘心不願，給了本宅一條看得到水神的龍路，卻又不讓他輕易收到水神。這種情形的路帶來的水局就只剩下誘惑而已了。綜合原本有的格局特性，就讓傷破變得更多方面，更加的明顯也更加的嚴重了。桃花、離婚和走江湖路，進而沾染賭品，都是很難避免了。

總結

筆者觀察多年，很多房子至少在二十至三十年間會有陽宅風水的變化，因爲四勢的建物或空地都會改變，卽使本宅不動如山，分金和座山依舊，仍然會有實質改變的可能。差別在有的是往好的變化，而有的卻會變成無法挽救的傷破之屋。

陽宅學的理論其實就跟人生在世一樣，幾家歡樂幾家愁，禍福難料。要平穩的過完人生，除了乞求上天的憐憫照護之外，有時還是需要關注一下陽宅的變化才好！

若發現屋宅周圍有重大的變化，最好請可靠的老師鑑定一下，避免發生不可挽回的憾事。

《案例三》【結婚多年難孕的案例】

例圖：

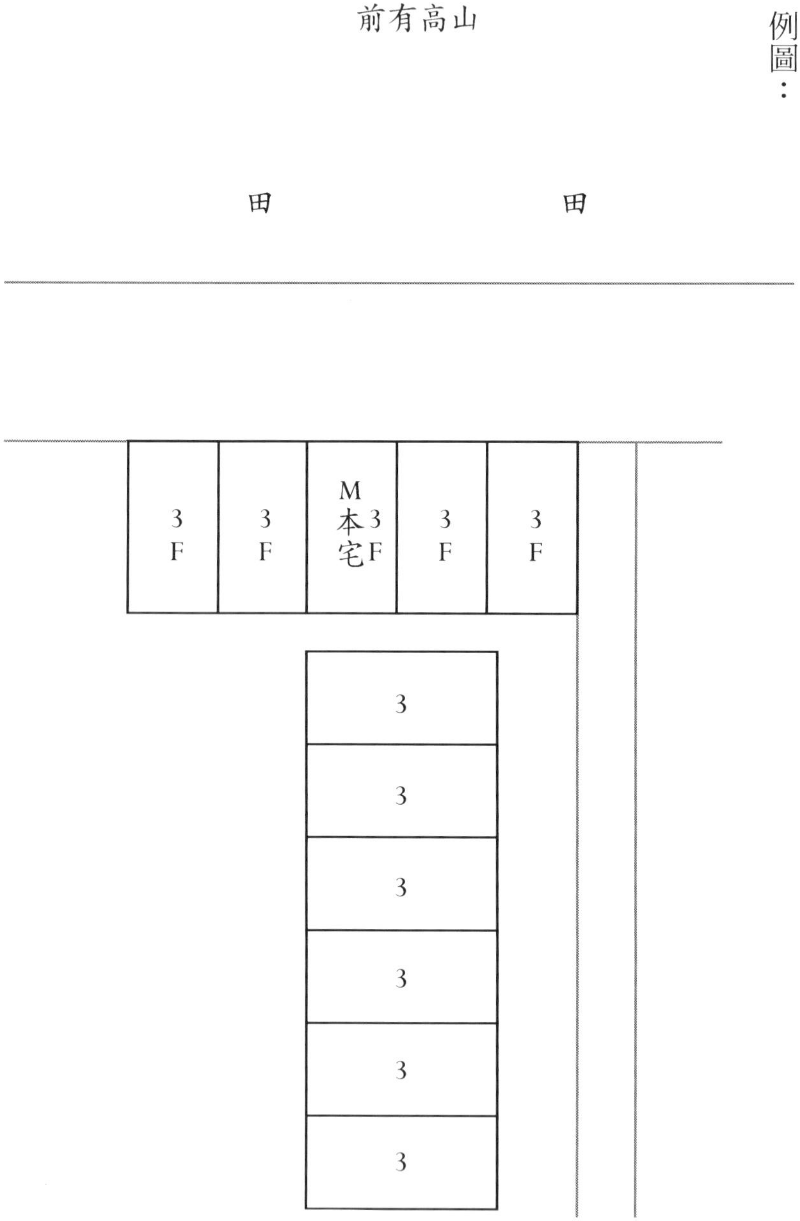

前言

年輕夫妻結婚後住在父母爲其準備的房子，雖然不是新宅但足夠小家庭居住了。年輕夫妻工作上的表現，也算是中規中矩，經濟小康。非常有意願生兒育女，所以結婚後就順其自然的生育計畫。結婚四年期間妻子也曾懷孕過，只是都懷孕不久就因故流產了。至少有三次流掉吧。

家人都非常苦惱，到處求神問卜，和尋求醫學幫助，只可惜都沒有好的結果。甚至神明降乩指示說，可能是無子嗣的命，請他們要看開一點，多行善看能不能感動上天降下子息。案主一家都是虔誠的信神主義者，得此神示，當然更是苦惱不已。

正當他們準備放棄而接受命運安排時，好朋友基於熱心，問其要不要從陽宅學的角度去看看有無解決之道。經朋友的介紹，聘請筆者爲其住宅針對生育的問題勘宅。

本宅地理格局描述如下：

本宅居中間之位。龍虎邊各有三間屋子而且勢均力敵，乃是不折不扣的中間厝。前堂是一望無際開闊的農田，往前直看來可謂心曠神怡，視野極佳。重點在玄武方連綿頗長一整排的房子，細看之下有點像尾大不掉之勢。

通常明堂開闊，無任何電線杆或壁刀、路衝等等，是大部分堪輿師心目中的好地理。況且座山飽滿，應該是子孫滿堂才對啊！怎麼會是無子息的宿命呢？長眼看法的前堂開闊，雖然有眼界開闊的特點，但也很可能是空無目標，得過且過的格局。因爲水局很難聚集，只能是想法多元罷了。

這是標準的中間厝。古人也給個名稱叫「扁擔厝」。顧名思義就是像擔著扁擔的一間房子。辛苦自是難免。但在長眼的看法是，文武勢具備的格局，宜取軟爲貴，方爲眞權實力。但此局後山過於飽滿，雖有努力不懈的優點（因爲前有拜堂之象），但卻很難顯出眞貴。而且還會有盲目而做的特性，缺乏安排生活的智慧。有如勞碌命一般，無法讓心靈得到休閒或成長。以此局爲例，若房間格局的配置無法讓其心情放鬆，那麼失眠自是難免（尤其是女主人），嚴重就會影響到自己的生育系統了。

因爲此局的內通道已是固定，加上案主不想做大規模的改變。所以我只能就其床的位置做適當調整，但是此局生女兒的機率遠高於兒子。案主說：無妨！能生兒育女就很滿足了。

幸運的是，床位改變之後不到一個月就順利懷孕了。而且也不再流產了，幾個月後順利生下一個健康的女嬰。消息傳到我耳，眞是恭喜萬分。

結論

這個局並沒有特別嚴重的傷破，只有心情上的變化問題。我提醒要多注意女主人的心情起伏。否則婚姻之路恐會有許多的爭吵。生兒育女之事尙屬輕易可破，但是心理層面的複雜，恐怕不是輕易可改變。

醫學雖然發達，但不可諱言，至今仍有許多的人生難題必須仰賴陽宅學術的協助。無論你信或不信，事實就擺在眼前。

《案例四》【內外格局搭配後的吉凶變化舉例】

雖然陽宅的吉凶效應七成以上是因爲外格局的特性，但大部分的陽宅外格局其實是不會產生嚴重傷破的。不過若是外格局的特點有個性上的傷破時，內格局的設計若不當，就可能引動更嚴重的傷破。例如：下圖外格局是虎邊強而長，玄武方爲空地。

例圖：

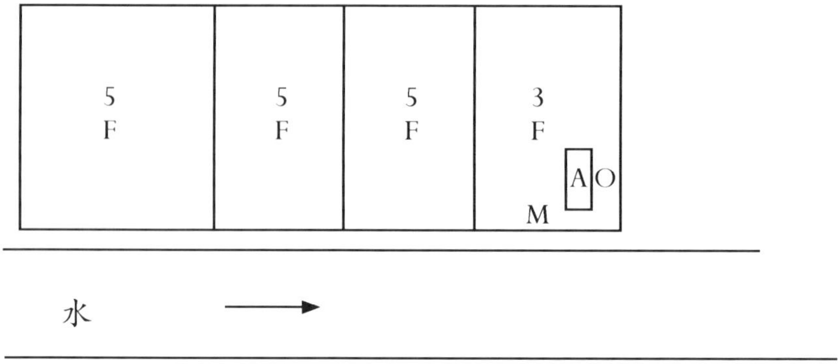

（因辦公桌而成的官訟局）

格局解說

虎強的特色，在個性上解釋之一是怕被激的，再加上沒有後山實體的牽制，則有做事缺少方向的特點。至於若是受到他人相激會有什麼樣的反應，就要看龍邊給他的指示。假設本宅，龍邊也是軟，則表示被激後不會有立卽太過頭的反應，有種先忍起來的感覺，以後再說。

但是若內格局的辦公桌是置於A處（如例圖）。企圖用辦公桌收到宅前過堂的虎水。其結果是：水仍然是收不到。而且內局辦公桌變成龍動的現象。因爲辦公桌的擺設會影響求財方面的心態。所以龍動去指揮被刺激之後的反應，就是更增加在做事業時亂搞的現象。（除非水神有反跳的現象讓此桌收到。）

水路本就有嬌性的解釋，刻意求水之局卽是嬌性。而驕者必敗，乃千古不變的常理。就好像是強者若驕則敗。此例；龍邊的水路乃思想方面的驕（因爲逆水）。

這便是內局不當導致的事業失敗。不可不注意啊！

《案例五》【舊三合院的未來變化】

例圖：

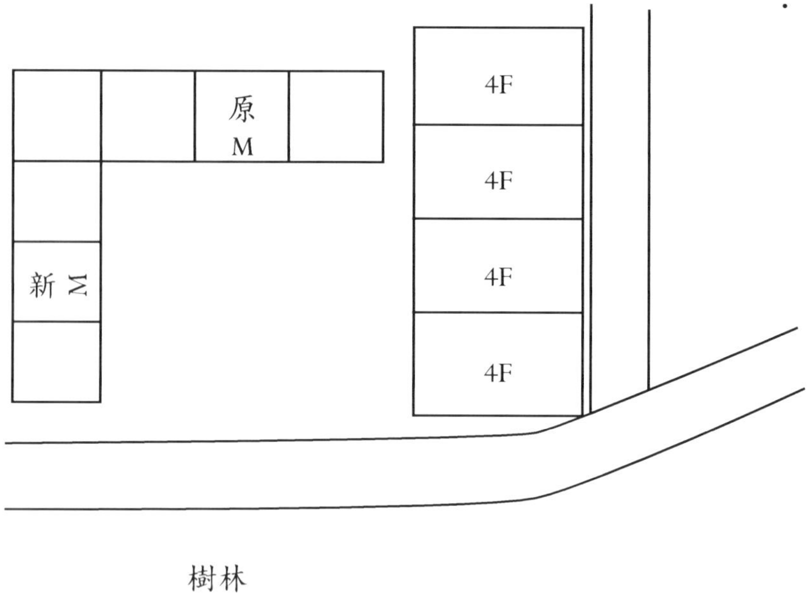

建築文化會隨著時代變遷而改變，台灣早年農村的年代，處處可見三合院的建築，三合院獨特的組成就是「正身」和「雙邊護龍」。當長輩年老分家產時，通常是龍邊部分分給長房，虎邊分給二房。漸漸地由於國家偏重都市的發展，所以鄉下的年輕人漸漸地往都市移動。所以不需要太多的空間，有的就會將護龍之一賣給他人蓋房子，而新的建築文化又多以西方的樓層式建築爲主，便可能形成如例圖的情形。以正身的方向看出，便成了出強龍刀的格局。那就變成身體健康上的傷破了。

格局解說

以正身論格局，雖然龍虎皆出刀並不論刀害，但在龍邊被蓋成的整排四層樓的建物後，就是強龍刀了，加上本身無虎的前堂虎過堂，就是一個因勞累而成疾的格局了。因爲後天力量的不足夠，只靠著強刀的意志力固執的硬做。生病了也不知道要休息，會累積成疾。

後來聽了地理老師的建議，將正廳祖先廳改到虎邊來（如例圖）。格局變成了：出龍刀，龍過堂又逼堂，雖然沒有後山，仍然會讓病況更加嚴重。

所以此局若是要改健康的需求，應該是很難有方法了。但是若要求水神的改善倒是很有機會的。

結論

尋求陽宅學的協助，希望可以讓家中得到健康上的改善，可惜所求非人。原本的問題不但沒有減緩，反倒是讓病情更加的嚴重。壽命也會應此而提前減少了。

《案例六》【龍砂流破，而敗光家產妻也離了】

緣由簡述

古人常說，富不過三代。其義說的大概意思是：雖然擁有龐大的家產，若是不幸出了個不肖子孫，恐怕就付之東流了，讓祖先的榮耀家風變成只是往事歷史。所以陽宅學針對會出現敗家子的格局也有些許的研究。下圖的例子是一個敗光祖輩地產（有房產也有大片的農產）的案例。

此宅應該是俗稱的用地給建商換得幾間房子的情形，而自住其中一間，不幸的是，是一間傷破連連的格局。該怪當初選房子選錯嗎？時也？命也？還是祖德未有足夠的保護呢？沒有人能回答。

例圖：

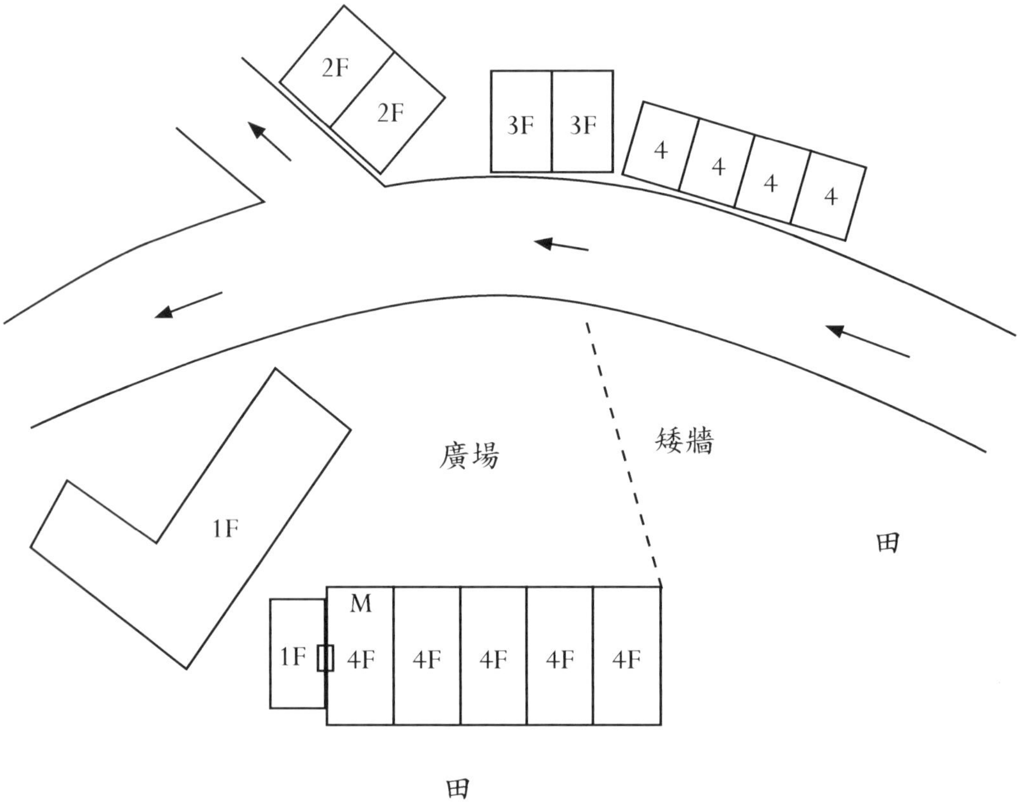

其外格局如下：

虎邊很長，龍只是一層樓的車庫要論龍邊軟，後山爲空地，前堂近堂爲龍過半堂，再往遠處看的外堂則爲虎過堂。堂前的水局由右往左流，但是水局在砂手方，便斜飛而出。不偏不移，本宅就是看得到斜飛處。

格局效應解說

虎邊長過於龍邊，後山空美之下，形局算是美的，只不過可惜的是水神斜飛流破，形成一個願打願挨，可是會裝懂的個性。況且沒後山的虎長，其實做事並不會積極的，亦可以說是行爲力並沒有很足夠的持續。

龍軟的龍過半堂，就好像是一個，低調的計畫謀事，不過又太過於固執己見。所以很難聽進他人的忠言高見。錯了也很難去眞誠面對。這樣就可能讓小失誤變成了大錯誤，自掘墳墓，最後無可收拾。

另外：此局龍過半堂，加上水神有傷破，家中的爭吵應該是在所難免。而虎過堂在堂前就有形體的斜飛現象，也代表著婚姻離異之象。猶如大難來時各自飛的情形。

結論

大戶人家，總怕子孫亂花錢，花光家產，但此例的子孫並非吃喝玩樂的花光家產，相反的是企圖擴大家中事業和財富，只不過事與願違，投資事業總是慘賠。不知該怪自己沒本事，還是不自量力。水局很無情，若你看錯他了，他就能讓你血本無歸，無關乎運氣或能力。這就是形家長眼法特別看重水局的例子之一。

《案例七》【虎路或虎動對刀的引動，其傷害截然不同】

前言

形家長眼法，講究的是字字珠璣，一字之差，吉凶之論完全不一樣。虎路或虎動都是流通的意思，也都是活躍的意思，也都會引動刀害，的確都可能帶來傷破。但嚴重度完全不同。主要是心態上的差別，會決定傷破的嚴重度。

（一）虎路引動刀

例圖：

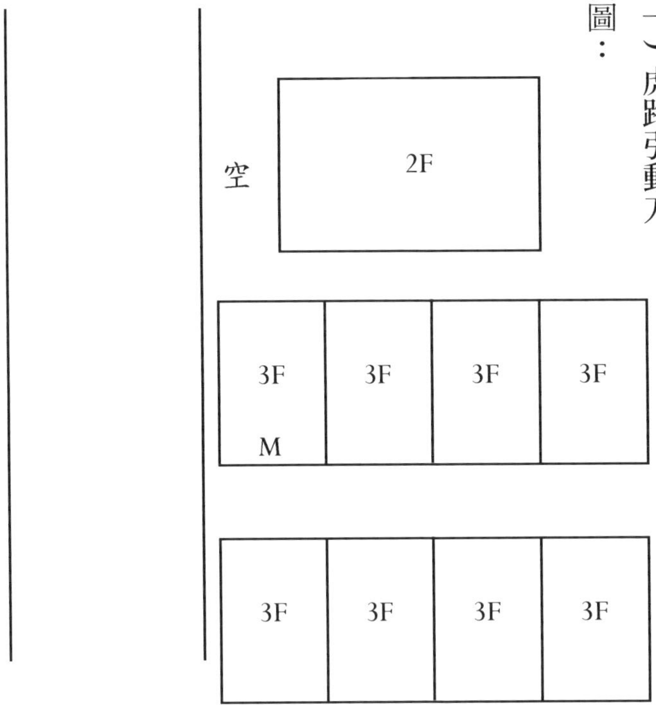

（二）虎路引動刀

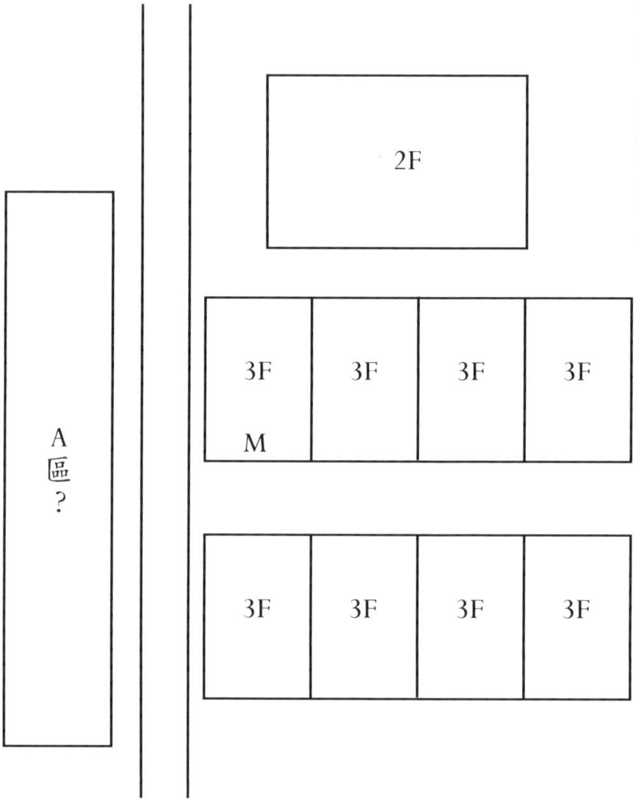

格局解說

（一）虎邊有路，而後山背龍刀：虎路本有愛玩喜逍遙的特性，生活中崇尚極度的自由，在龍長養尊處悠之下，其玩的心態就是，爲了玩而玩的心態，自私的心態也特別明顯，但不能解釋成放鬆。

所以，論意外的話是以男生發生的機會較明顯，且有明知會危險也不顧的故意心態，因爲此後龍刀的特性會讓人有不自覺的自負。

若是女生住在這裡，其意外的原因，通常是感情方面的失控而發生意外。因爲龍過堂在後山軟之下，女子在感情方面有無保留付出的心態，但背龍刀的龍長，使之若失望，會有反擊心態。甚至是報復的心態。

至於此局的意外是否爲死亡程度，就要看此路是否有與刀重疊了，若有重疊此刀，就是刀被直接引動了，難免會產生生離死別的狀況。此刀若是鉅齒狀而來，也是很嚴重的，尤其是女生首當其衝。

（二）虎邊是巷子，而背龍刀：此局的意外機會仍是有的，但機率不高。論其心態就是有大意失荊州的味道。因爲玄武背龍刀而有動的人，表示有所圖謀，在失誤之下所發生的意外。而此虎動所引起的意外比較不嚴重，就算是此動與刀重疊也不至於死亡。只是糾葛變得更嚴重。除非是在A區處有大樓。俗稱「虎頭回壓」。動者，其所謀通常以利爲先，所以此刀所引起的傷破，會是官訟機率比較明顯。例如與他人的財物糾紛，或者說像借貸難以償還的問題。虎動所帶來的意外，通常是男生居多，因爲動者爲陽，而不論龍虎邊情形了。除非朱雀方抬頭，由陽轉陰，才會變成女生得此意外。

結論

天地間萬物，總是陰陰陽陽互變，循環不止。易經中所提的太極圖，就是代表著，陰陽互變循環不已。陰不離陽，陽不離陰。陽宅學的理論，在論斷吉凶效應時，也不能忽視陰陽互變之道。如此才不會脫離人類之本性。也才有可能掌握陽宅之吉凶禍福。

《案例八》【逼龍群星和單棟的差異】

前言：

屋宅的龍邊有大樓，我們稱之爲逼龍。但條件是後山要是路或者空。逼龍的特性是想像空間大，有單獨的想法，適合設計家、科學家等行業的人居住。

若是龍砂方有路，優點是能釋放「逼」的氣，可以讓心情或情緒得到釋放。也可以解釋成將想法行使出去。只不過若加上水局的考量時，則逼龍、龍砂有路就有缺點了。分別是群星和單棟的逼龍其缺點略有不同的意義。

但要特別一提的是，此砂方之路對於本宅的方向。差之毫釐，失之千里。不可輕視。

例圖：

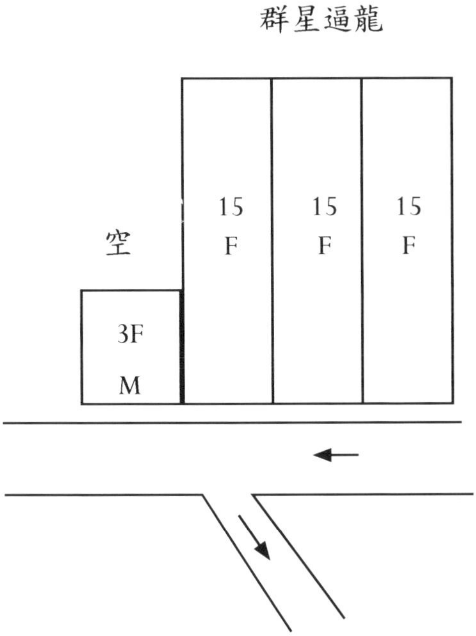

C單棟圖

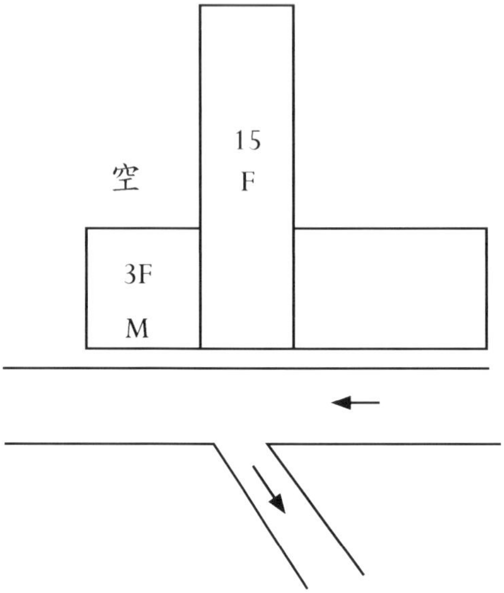

單棟通

格局解說

群星的逼龍有個特殊的缺點就是，野心勃勃還有狂態的思想。而單棟的逼龍，其野心只是一時興起。兩種情形在論男生的角度，都有占有的傾向。論女生的角度，就偏向於付出、吃虧的方面。

例圖一（逼龍群星）：論感情問題的成分，其桃花的因素，可能是夥伴關係或同事間戀情。得意時，有財大氣粗的口氣。失意落魄時，則勞燕分飛，各走各的。而女生的心態則是：明知是狼心，卻甘願逢場作戲，各取所需。

例圖二（逼龍單棟）：感情上的心態，有「非你不可」的渴望，也可以說是比較有情趣。但個性上會有想法太多卻是自我封閉的情形。也有過度占有的傾向，造成彼此相處上無謂的壓力。所以此局的女生很容易在感情路上遇到負心漢。而且會在忍無可忍之後才會離婚。

逼龍、龍砂有路，無論群星或單棟，其離婚的機會都是很高的。婚姻的角度屬於非常不理想的。

以上兩種情形若是公司行號或店面的話，員工間或上司下屬間會有逢場作戲。人事問題也容易有糾纏不清的現象。尤其是情感方面的糾結。都市高樓層的建築，越來越普遍，若身處其側，一定要特別的當心，因爲麻煩事是很多的。讓人很難省心。無論是住宅還是公司行號，都是一樣的。

《案例九》【出龍刀前傾所帶來的傷破→中風例】

例圖：

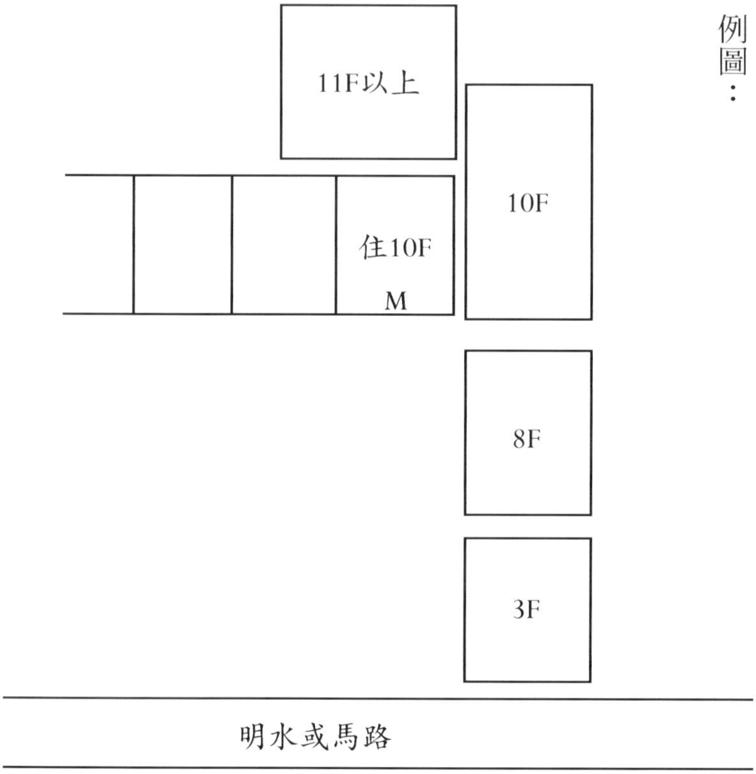

前言

醫學科技日新月異，人類的平均壽命也越來越長，可是社會上中風的人卻越來越多，而且年紀輕輕就中風的案例，隨處可見。或許是生活習慣不良，飲食醫藥不當造成的，但從陽宅學上的觀點正可以看出種種的不尋常習慣。現今高樓式建築越來越盛行，可看出端倪。

格局解說

以居住十樓的本宅為例，龍邊亦是十樓而出刀，然後刀的前沿有越來越低的趨勢，最後本宅可以看到水或路。

第一：用龍刀前傾去取明水（溪流之水），論疾病健康的角度，若本宅沒有虎邊的壽元可支撐，一定會在壯年尾聲就中風。

第二：即使是有虎邊，但若是後山有建物相推，且略高於本宅，一樣逃不過中風的命運，而且發生的年紀會更年輕。因為有急於求財的奪取味道。

延伸論述

如果此水是暗水（馬路），在後山明顯高過本宅之下，則傷破是以官司居多。因為會有善加利用頭腦去求財的慾望，並且不是很懂得細心之下。有硬要坑人的味道存在。有豪取強奪的意味。

另外中風局的其他可能情形：

第一：本宅龍邊已失，但是後山太飽或太強造成左右的平衡太嚴重，也是很有機會成爲中風局的。

第二：龍邊虎邊其中一勢，缺勢太大，比例過大，也是會有中風現象。但是有動之下並不是中風，而可能是受傷後的不良於行。例如：龍長又強，在背強龍刀之下，虎邊之勢不夠支撐。就是明顯的中風現象。

結論：中風並非絕症，但卻是最影響人生的疾病，無論是個人或家人。都會陷入絕望之中，但願陽宅學的力量可以幫助減輕。

《案例十》【龍動抬頭，玄武方帶來的吉凶變化】

例圖：

（一）

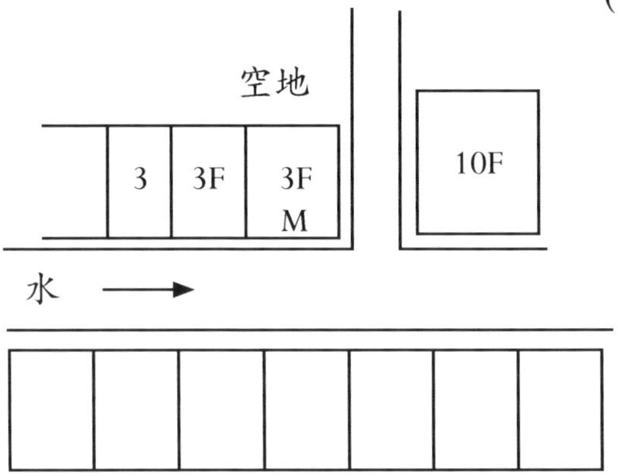

（二）

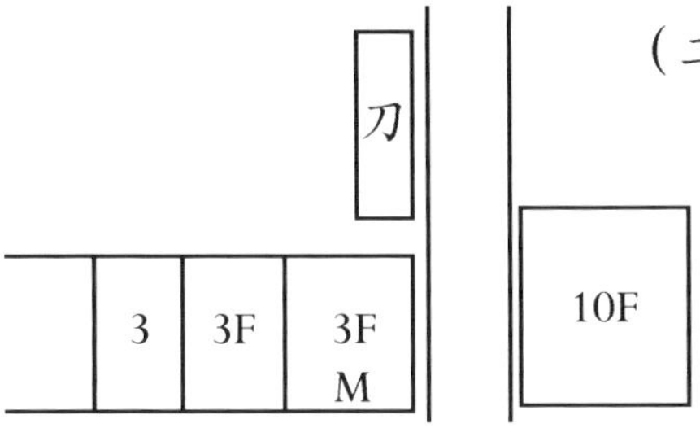

（三）

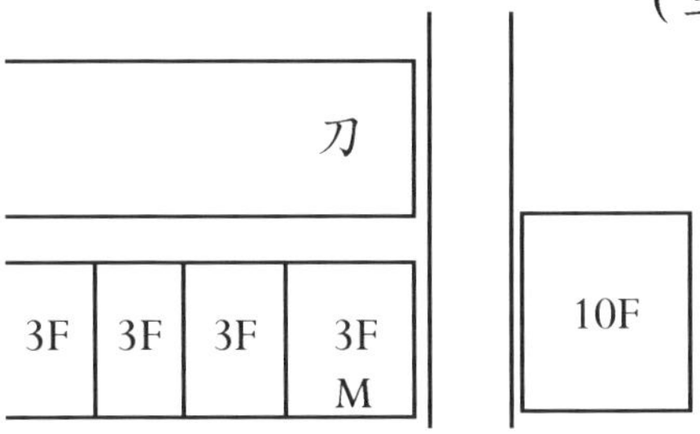

龍方有巷子，之後又出現大樓，稱之爲抬頭。他的特性就是有不屈居於人下的個性，喜歡掌權。優點是可以因優越感而有增加自身能力的動力。在後山是軟的情形下，能得賢婦之助，而且能挽前堂過堂包虎水，至少小富坐收。但後山有傷破的話，其傷害也是更大。

如例圖：在玄武方有龍刀之下，意外血光在所難免。而且可以斷定是因個性不服輸，而自己惹的意外。所以在不希望意外過於嚴重的前提下，此時的虎方勢力，不宜太過強大。虎軟或空都是好的。至少可以減少當事人的勇氣和氣魄。相反的，若是虎邊之勢強盛，則其意外格局的殺傷力就不容小瞧了。

同例之下，若論感情上的糾結，只要龍砂方同時出現傷破，那就不只是糾結而已了，會有因愛而生恨的遺憾，甚至同歸於盡的情形都可能發生。因爲感情（五倫內的感情也可能）的因素。此種情況之下，若無虎方力量的緩衝，情感所生之傷害，將會更嚴重。可稱之爲「孤陽」之局。另一個解釋，叫做「不如歸去」。

再做進一步延伸的推論，也可能因爲工作上的失敗而產生輕生的念頭。志氣是此局在成功的路上最大的推力。但若失敗也會因不能服輸而產生傷己害人的情緒。

另例：若是玄武帶虎刀之下：雖然也是座刀逢動，但意外的情形不盡相同。會是以工作上的疏失爲多，並不會太嚴重。除非是在虎邊的勢力高漲，例如有逼或強壓出現，或者說虎邊也是路。才會發生嚴重的意外血光。

《案例十一》【龍邊帶路下的傷破論】

例圖：

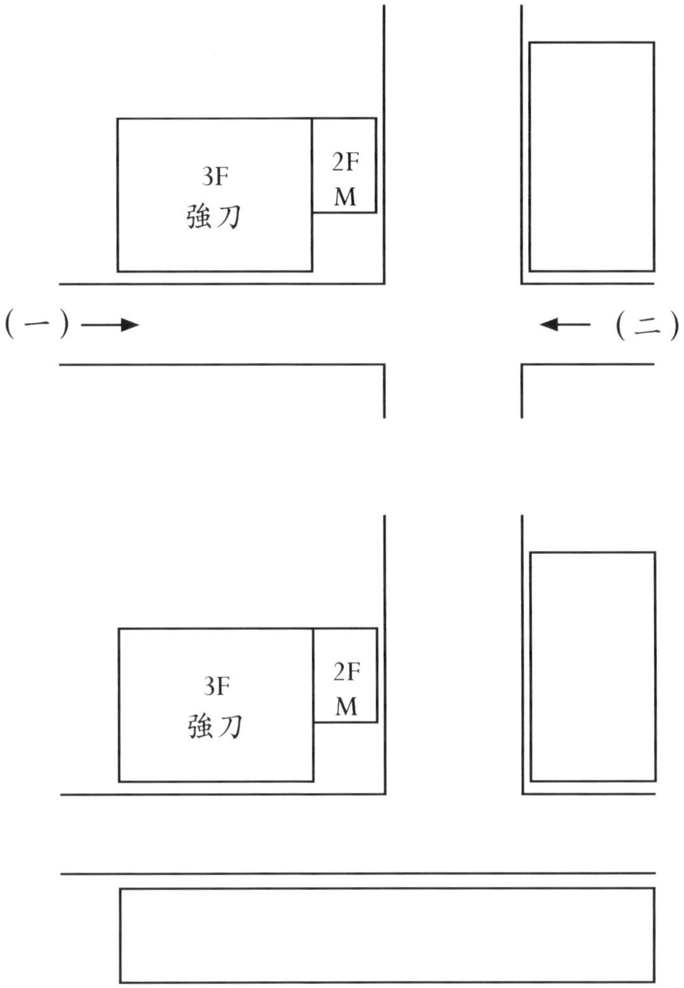

前言

龍邊帶路的特性就是思想上不容干涉。想法上多元化，想擁有充分的自由。在虎邊有強刀的表現，加上水局流向的變化，則人生難免有波折不斷之象。

特性解說

第一：在左水到右之下

這種情形要特別注意此龍路的水局是順水而出還是逆水，細論之下吉凶難定。

假設是逆水的情形，表示用龍路去接龍水過堂。是可以帶來財富的。而若是順水而出的話，只要A區無屋，則本宅是肯定無水過堂的。只剩下虎刀的特性，草莽英雄的氣概，寧死不屈罷了。相反，若A區有屋形成丁字路，就可將水聚於堂前，猶如是催財池的效應。至少是短暫可發財的現象。

只是因為在虎強之下，難免有豪奪的現象，此龍路拖出取水，就有搶財的味道。官司之象油然而生。因為用路搶財（無後山之下），貪念較重只圖大的。而且虎強刀之下無後山包袱的約束，必然想到哪做到哪，而且勇氣十足。會有不擇手段的心態。

此例若是論身體健康的角度，在A區無屋的龍路拖出之下，因為有搶財之心，卻被拉走，搶不到財，而且不死心，所以很可能會發生中風的現象。也可說是因錢的不夠用而勞苦過重。

第二：右水到左的情形

同樣的關鍵點還是A區。若A區是無建物的龍路拖出，表示夫妻宮有破，會有桃花不斷的情形。最後導致離婚收場。

若只是單純的論財運情況，表示很認真的工作，但也很勇於花錢享受。所以開銷過大存不了錢，並非是賺不了錢。尤其是在後山有屋的情況下特別嚴重。

所以在龍路順水而出的狀況，最忌後山強，雖然年輕歲月曾經風光一時，但到老仍是一場空。

《案例十二》【得過且過的貨運行】

例圖：

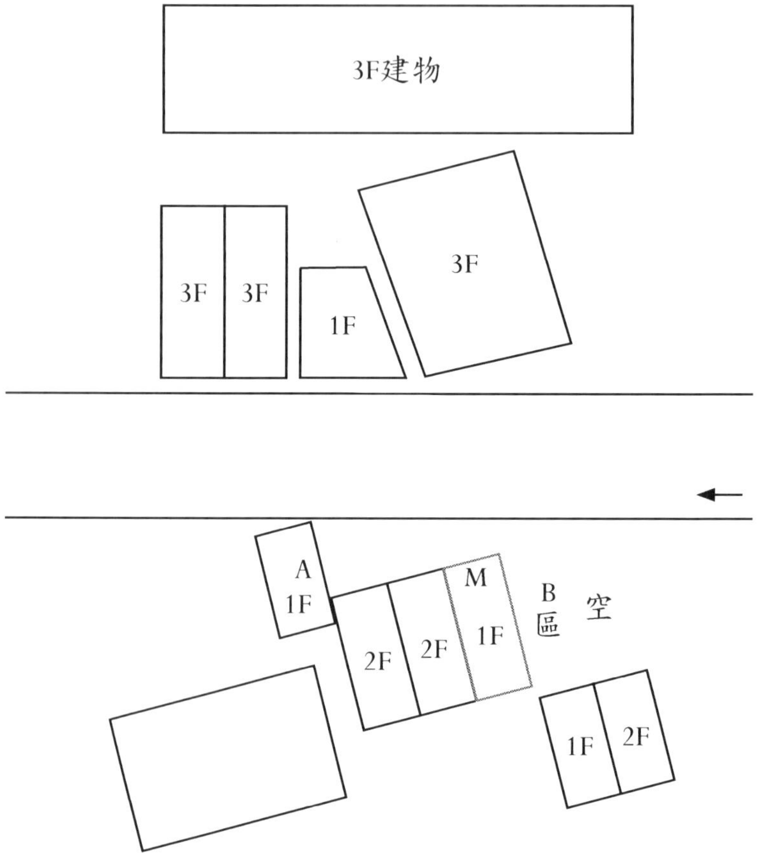

前言

一間美其名的貨運公司，但實際僅僅有小規模的拖車業務量。無意間質詢於筆者問道：雖然勉強可營運，但爲何無法得到較多業務量，而且時常會無緣無故增加營銷成本？因爲不是正式的委託堪輿案子，所以我便只有簡單描述其公司格局的問題。

格局解說

此局之外格局，可分爲內局和外局。內局是龍強出砂手來到前堂過半堂，而外局是虎邊空的虎過堂。

龍強出砂手欲包虎水，但因爲砂手不正（關鍵在A屋），則其龍過半堂就無法包的了水。所以很難有穩定又豐厚的業務量。

外局是虎空的虎砂強勢來虎過堂，拿取虎水，這種現象就是，有得做就做，利潤不好也無所謂，甚至有騎虎難下的硬上現象，自陷爲難。因爲既然要吃虎水的薄利多銷，但缺乏虎邊的行爲模式，就是被動的格局了。守株待兔而已，當然難有充沛的業務量。

而且此局是出龍砂前伸的龍過半堂，若是有股東合資的話，也會因意見不同而有紛爭官訟，例如有侵占情事發生而對簿公堂。

因爲是出砂手欲包水，但事與願違，就反而變成傷破了。爲了求財而惹出更多麻煩，難怪會有無謂的營運成本，開銷增加的困擾。

另論

此局的水局若是自左到右的話，則現象完全改觀，變成一間會不停擴大的公司了。水局之影響力，決定了一間公司的命運，不容等閒視之。建屋開公司應該要仔細參酌水局流向，再決定建物設計。不可執著於理氣和分金之上。

《案例十三》【虎路所帶來的四種會刀】

例圖：

（一）

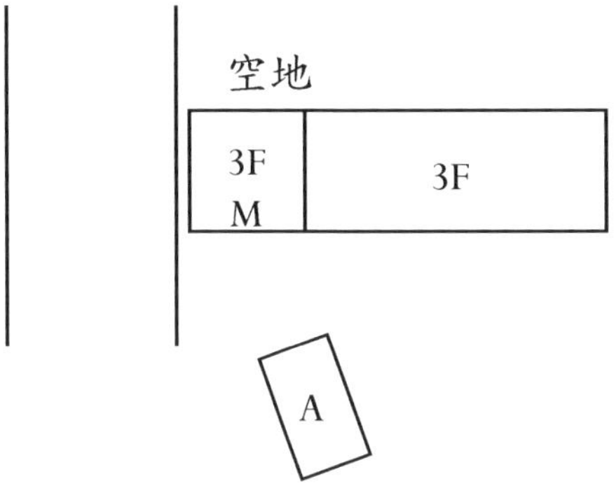

（二）

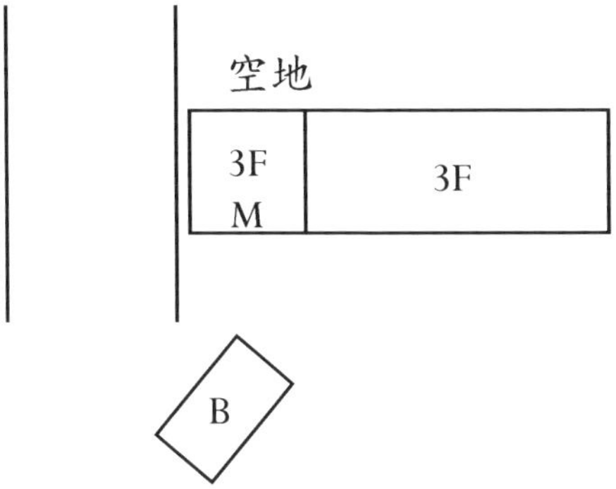

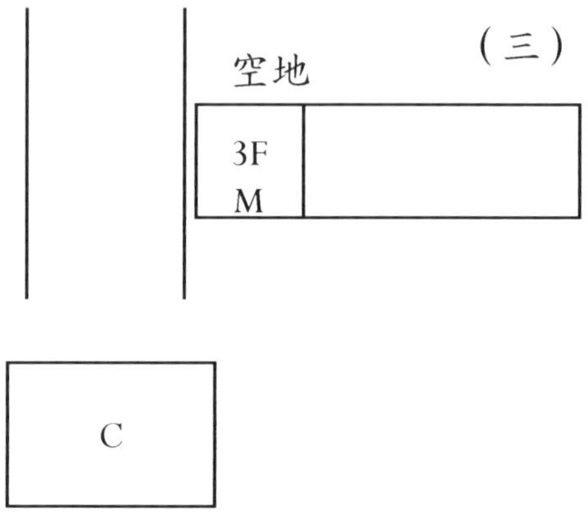

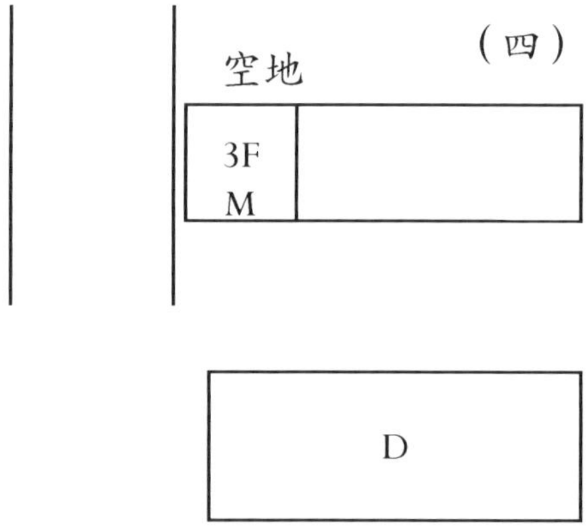

前言

虎路的基本特性就是行動上的自由，特別注重。所以難免有野腳的現象，不安於室。所以最容易引發意外血光的傷破。再加上會刀的狀況，則更是明顯，只不過各種會刀模式仍有其實質上的不同。

格局解說

第一：會刀A的狀況：又稱會龍砂刀。乃是最容易引發是非的狀況，而且離婚的機率高。此局發生意外的情形不見得是車禍或工安，而是與人相爭所引發的意外傷害。充斥著狠勁，敢與人同歸於盡。因爲沒後山的龍砂歪刀是最有個性的勁。

第二：會此局會B刀，乃是在逍遙的玩樂中所遇到的意外，純粹是不小心或者是倒楣的情況下所遇到的血光傷害。例如出遊遇到車禍的憾事。後山是空之下應該不會太嚴重。

第三：會刀C的情況：此局有虎過半堂的現象，便有行爲霸道的特徵。所以官訟的機率會比意外來的高。而意外的原因，極可能與人爭鬥打架，而產生的傷害，甚至可以說是死於非命。

此局同時也有很高的離婚機率。只是發生的流年大多是在壯年過後，只要經濟上不能滿足享受，就會有離婚現象。頗有床頭金盡鳥單飛的意味。

第四：會刀D的情況：仍然是官訟大於意外。差別的是此局只是是非上的與人興訟。因爲龍長的龍過半堂，其想法理念無法傳達到虎邊來，無法實現理想的意氣之爭。此局的離婚機率也很高，因爲理念的不協調，夫妻間在很年輕時便無法共同生活了。特別一提，如果加論水局的情況，此局水局若爲左水到右，那麼在龍過半堂之下，不只是理念相違背的離婚而已，甚至是敗家又頹廢。導致家不成家，一敗塗地。

總結

同樣是虎路的格局，雖然會刀都會導致傷破發生，但是地師若無法明判傷破點的特性，則無法明瞭造成傷破的心態或緣由，如此便無法找到改善傷破的方法。

而且這單單只是以家庭安穩的角度去探討，若是以求財的角度去分析，則有時會刀也會引來水神到堂，帶來至少是小富的格局。尤其虎路的水是逆水的情況。

錢財與吉凶永遠是相依相伴的，身爲地師的人絕不可小視。取財之前必須先懂得避凶。才是夠資格的地師。

《案例十四》【自營專業工作室的住家】

例圖：

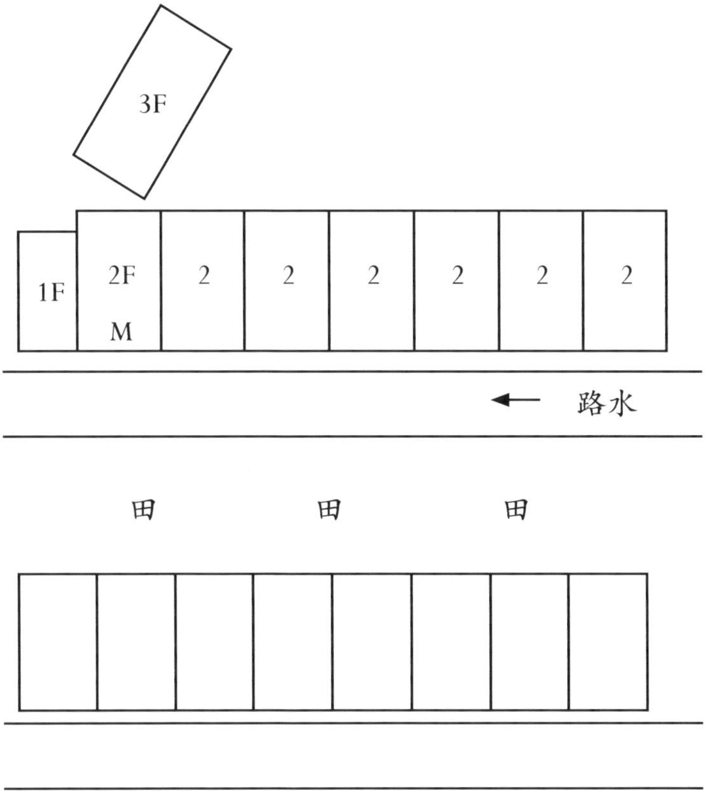

前言

這是一間從事個人專業服務的住宅兼工作室。其業務性質是關乎客人的人生大事。俗話說自身都難保了，還想施恩於世人。正是此宅的寫照。

格局解說

本宅的龍邊之勢很長。玄武方有龍刀靠不正而且爲強刀。虎方有屋但勢力薄軟。前堂由龍方來過堂。最後水局爲左水到右。

效應說明

1.此宅有孤陽的味道，因爲龍方勢力偏孤。虛假的貴氣十足。

2.玄武方的專業之刀，直接依附龍長的傳承，所以其專業的能力應該是依家傳而來。只不過缺虎邊勢力的專業之刀，難免有剛愎自負的現象。有一種想賺錢但又無法甩開身段的心態。雖然有給人客氣又木訥的信任感，但是水局明顯不對，所以很難賺到錢的。

3.龍長所陳現出來的專業，會有優柔寡斷的狀況。對於專業的精細度恐無法有太多的提升。尤其在無虎邊的情況之下。有種假專業的味道。

4.後山強去碰龍邊的軟，會凸顯龍邊軟而且長的個性。爲人個性溫順，不太會動怒。只不過，龍軟越長，就有死愛面子的缺點（在座專業刀之下）。無法接受他人的中肯建言，尤其對其專業上的指教批評。

總結

依判斷，本宅的專業在上一輩人手上應該還是有生存之機。只不過時代變遷，人們教育水準大大提升，客戶的素質不可同日而語，加上本宅周圍格局也會有相當程度的變化。所以若專業的精細度無法跟著時代提升，加上水局與形局的矛盾點已現，現況應該是很難再有好的經濟收入了。而且家庭的融洽也勢必很難再令人放心了。

《案例十五》【女人獨持的麵店含住宅】

前言：本是夫妻共同打拼的賣麵生意，不求富貴但願能溫飽，擁有養兒育女的收入就足夠了，無奈陽宅格局的傷破無法察覺，先生提早離去，剩妻子獨自經營。

例圖：

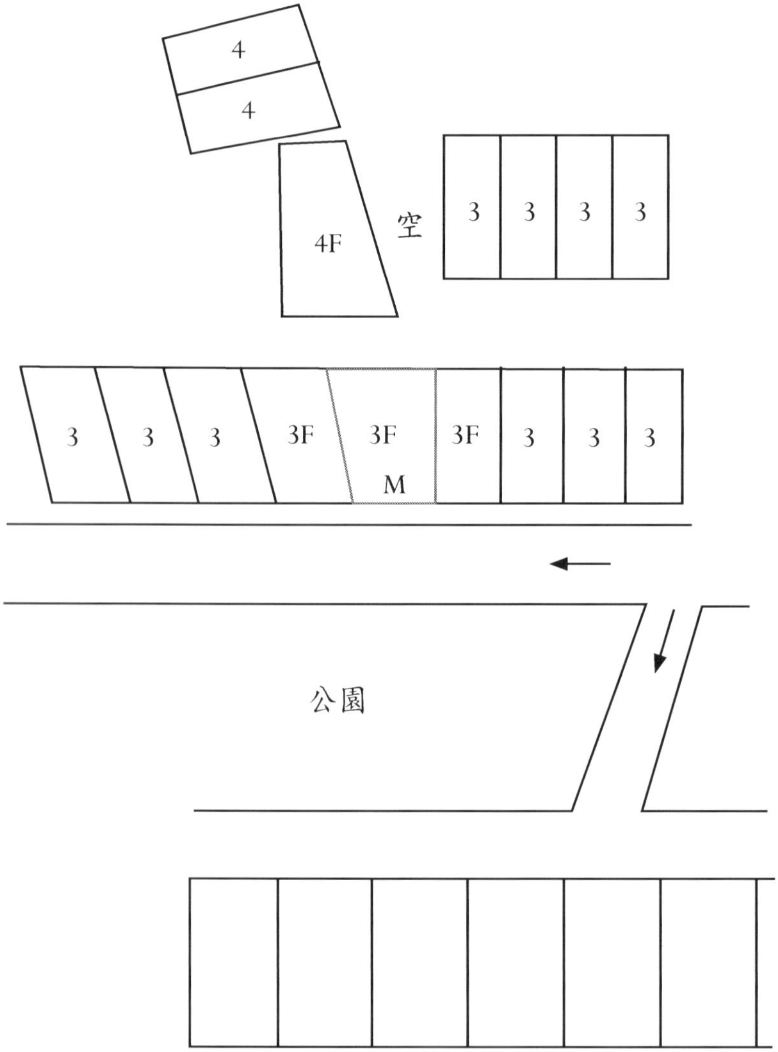

格局解說

龍水自龍長之方而來，而且已先分水再過堂前，堂前有公園算是開闊的明堂。虎邊雖然出長但是勢力爲軟，玄武方有來自右後方的強刀直插宅後。

地理效應說明

第一：龍水的尾巴，而且水量不集中，本身的客源應該已不是很充沛了，加上前堂的開闊，導致微薄的水量更是稀釋，可斷定是慘淡經營，微薄的收入。

第二：玄武方的強虎刀，斜插宅後龍邊之角，可判定此刀之傷，傷在陽。家中男人有早亡之象。而此局堂前爲龍過堂，因爲是寬闊的明堂，所以此強刀所引動的傷害應該是重大疾病的機率較多。事實上，其夫是不幸罹癌，而英年早逝了。

第三：論店面的專業角度，因爲後背強虎刀，工作上會有不服輸的心態，亦可說很拚的心態。其技藝也可以因此判斷是後天學來的，白手起家。只不過強虎刀有直率眞誠的特性，商品的價格雖然平價，但品質就無法有太高的評價了，只能說是薄利經營，但卻無法多銷。

結論

主人家的創業歷程和生活的態度，不可說不令人動容。也的確很令人同情的狀況，不過地理是無情的，不會有同情心的。一旦時運不濟，辛苦購得的店面，也是會讓人生帶來無法想像的傷害，若只是薄利，而能擁有美滿的生活，倒也是無妨，最怕的就是與親人天人永隔的傷痛。無可奈何啊！無法改變的局，只能勸導考慮放棄吧！

《案例十六》【困虎的情形】

前言

現代的都會區，因爲土地的成本大增，可以說是寸土寸金的年代。建築商人無不絞盡腦汁的充分利用有限的土地。所以公寓大樓式的建築越蓋越高，還有的就是所謂的集合式住宅，將停車空間於地下室，使之成爲了人車分道的堂前模式。此意甚美，只可惜，土地空間的不足，只能縮小堂前空間，而且又往高度增長的建築概念，那麼暗堂和逼堂的情形就隨處可見了。只要宅之四勢有所傷破，那麼憾事的發生將是無法避免。本例便是一種特別的傷破，有志難伸的困虎。

鄰屋加建樓層，或者宅後有新蓋建物，都是會帶來不良的影響。偏偏這種情形又是極大可能的會發生。住人大概只能自求多福了。因爲建築概念的時代變異，有的很不錯，有的卻危機四伏，實在令人不得不防。

例圖：

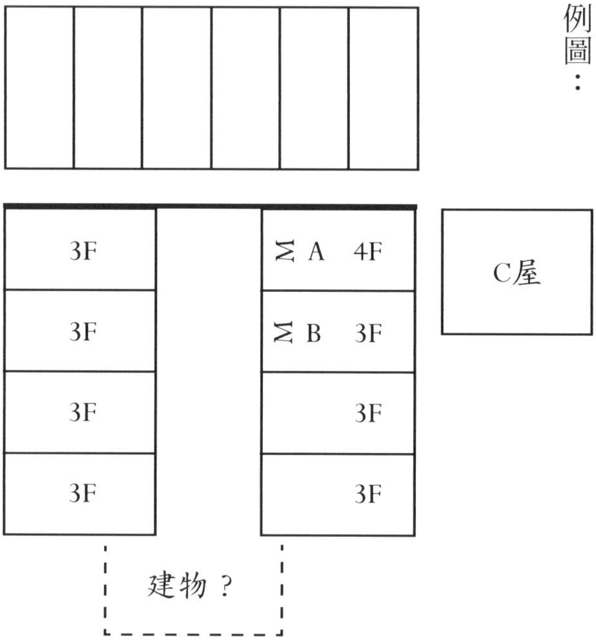

格局說明

A屋和B屋都是困虎的格局，因爲虎方不遠處就是完全不通的死巷子。而且B屋更加嚴重，強虎的行動力，卻深陷牢籠般，加上前堂的昏暗，使之卽使有老虎般的力量，也不得不快速消逝。只能盲目使用力量，最終結果只能是失敗了。而且因不得志的鬱悶心情，久之必然成惡疾。社區的入口是有加蓋的守衛室設計大門，則更加嚴重。

例如加上C建築物的出現，則其生病的程度就會到達生離死別的程度了。沒有C屋的出現，A屋的情形倒不至於太嚴重，頂多有虎頭蛇尾或見風轉舵的現象，病局並不會太嚴重。而B屋的住人，雖然不免生重病，但不至於太年輕就生離死別。

延伸論斷

1. 若是強龍困住了，頂多出現寵兒不肖的情形。尚有改善的空間。
2. 若是B宅的前屋也加蓋了形成逼堂現象，那麼此格局變成了，虎強的逼堂，其效應會出現暴力傾向，也有可能出現治安和社會問題的官訟局。

結論

建築商人購地蓋屋出售，本是商業利益行爲，賺取最大的利潤是其目的。所以在不違反政府法規之下，每個建案的可使用建地，將會越來越精簡。而人們辛苦一輩子好不容易能買一棟房子準備享受人生時，若是遇到困虎的現象，是何等的無奈啊！僅能自求多福了。

《案例十七》【公寓高樓層住宅，妻子負氣出走不回】

前言

寸土寸金的年代，在都市裏頭能擁有一層公寓大樓的地方當住宅，已實屬不易。雖然是整棟大樓的其中一層而已，也是必須依四勢原理去判定吉凶或特點。稍有不注意，辛苦購得的安居之所，隨時都可能變成破壞家庭幸福的元兇。此案例其實水局尙屬不錯，是應該可以稱做小富的格局。只可惜暗藏著個性上的傷破，導致家庭夫妻間感情的不和諧。

格局現象：

整棟大樓無論身處任何一層，同樣以落地窗看出，依然要先衡量龍虎之勢。此局之例，爲出龍刀而前堂爲龍過半堂，加上龍長。玄武方有深陷之象。虎邊勢力全無。

例圖：

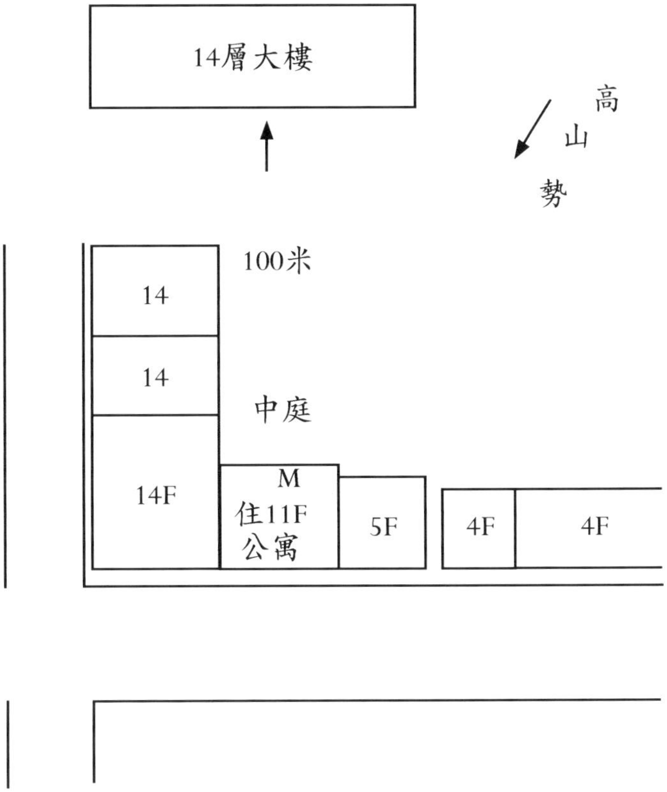

地理效應

龍長之人，個性難免養尊處悠，尤其是兒子。加上出龍刀。則個性上更是不容他人多唸。後山有路之下，其享受的概念就更是明顯了。若是中壯年才居住於此，尚不會有太多的壞習慣，唯性情上的不容質疑，會讓另一半無法接受。

此局後山有路，雖然虎邊無力，前有龍過堂現象，應該是貴在女子之象，可判定女人的能力不亞於男人，甚至是女強人的等級。女兒出社會後也不遑多讓。加上水局不錯，此宅可收到局勢之水。其女主人算是收入頗豐的職業婦女。只可惜男性的自尊在本局也是特別的高漲，上有水局加持之下，男人也不會屈居下風，甚至我行我素，無視太太感受。

傳統觀念男尊女卑。雖對女人不甚公平，但卻在家庭的和諧方面有其正面的意義存在。況且此局男人雖個性有大男人主義的思想，可惜貴在女人的局，女人絕無法甘願充當百依百順之人。其最後結果就是，紛爭之後就分道揚鑣。誰也不願先當台階給對方下，日子一久，離婚就是在所難免了。

此局若是論財，唯有第二代的男子較有不足之外，整體來說算是中上之好格局。外局也沒有很嚴重的疾病和意外格局。但是個性上有其特殊自尊，雖然不能說是傷破，但卻不會懂得妥協之貴。終究以家庭角度論之，並不是一個好的現象。

因爲公寓格局坪數空間實在不大，小家庭勉強可住，但若要爲其做格局上的變更調整，卻無從下手。眞是無奈。

《案例十八》【因經商的桃花和兒女間拼房並存的住辦豪宅】

前言

筆者在一次的義相場合中。有人拿著一張住宅平面圖來請教陽宅問題。因爲此圖並沒有畫得很仔細，我只能大略看出此局有家庭失和與手足相爭的問題。那人一時也覺得神奇，竟然可以僅憑一圖就斷的如此精準。實際狀況，那人實屬熱心擅自替好友請教的。筆者得此信任，受聘前往此造價逾八千萬的豪宅堪輿。看了之後，發現狀況還眞的挺嚴重的。不過用於公司辦公室的角度，這倒是會發財的地，千不該萬不該，不該在此居住啊！因爲即使家財萬貫，若家無寧日，又有何意義呢？

這是一棟剛蓋未滿三年的豪宅住辦大樓，兒女各一，皆已成年。兒已成家，兄妹間形同水火，惡言相向已不足以形容其關係惡劣了。丈夫在外國廠區辦公，早已另組小三家庭。夫妻關係已名存實亡。堅守家庭的女主人，苦惱不已，到處求神問卜找老師，求神祭改，調整地理樣樣都來。只可惜不但沒有改善問題，浪費錢倒是無所謂，家庭的問題卻越來越嚴重。

例圖：

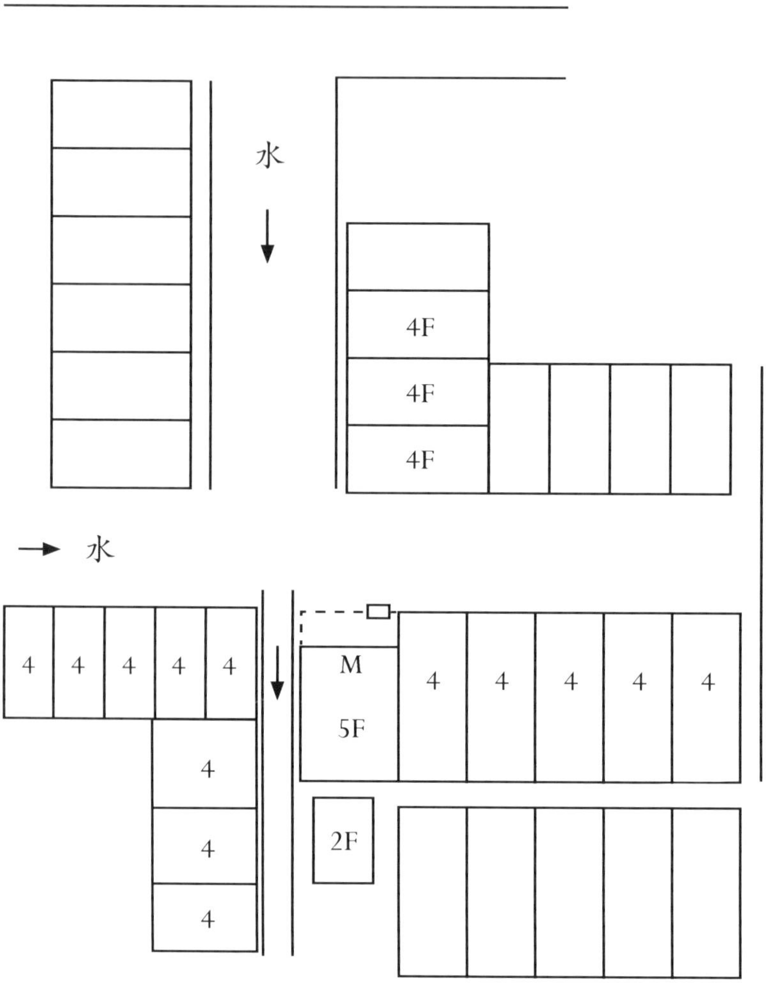

格局解說

此局因爲是購地自建，建築地坪比鄰居大很多。龍邊有動，而龍砂方出現大路。虎方勢力軟長，略有後山但只能算是軟而已。最重要的是會虎刀的虎過半堂。

效應說明

龍邊帶動，在後山軟之下，此乃十足的生意格局，只可惜以動銜接夫妻宮的大路，這便是因經商而產生桃花的格局原因了，其丈夫的小三正是在外經商時認識的助理或同事。尤其是水神逆向入宅，桃花現象更是無法避免。

虎雖然出現軟長，但有輕後山的助力，可以斷定算是願意打拼的格局，只不過是女兒比較得此有助力的虎邊，女兒應該比較有才氣。重點是會虎刀的過半堂，在有動局的推演之下，就形成了很嚴重的爭產拼房現象。兄妹間形成如仇人一般的關係。眞的很令人感到悲哀。

最後，此局亦有隱藏的兇局現象，那就是此會虎刀是被引動的，堪稱是會殺人的刀。所幸運的是，此宅的設計上加了前院的圍牆，也沒有強後山的助兇，所以還不至於太早發生太大的意外血光之大兇。但傷破之象已現而且明顯，發生意外血光是遲早的事。

結論

該女主人向我親述，說他當初要選此地蓋此屋的時候，也是有聘請享有盛名的地理師來觀看鑑定並全程設計才建造的，爲何會有那麼嚴重的狀況呢？我的回答是，或許一切都是命吧！我也不願挑起人家對同業的失望，只能敷衍以對了。

地理學派衆多而且良莠不齊，空有虛名的堪輿老師更不在少數，但也不能忽視自己缺少判斷力的責任。我只能奉勸客人們，要請老師服務，最好理性比較，並且誠懇訪談，想辦法多了解一下老師的素質。畢竟地理格局的兇應，都是自己要獨自承擔，老師頂多負一點點良心的不安而已。三思啊！

第三部分　居家格局

【何爲會呼吸的房子】

筆者曾經跟一位建築公司的老闆聊天，他說他蓋的房子都有會呼吸的優點。我說那很好啊！他顯然有點訝異。因爲地理老師會認同嗎？因爲一般地理師都將「藏風聚氣」看成至理寶典，所以常常忽略了陽宅學裡讓房子氣流流通的重要性。藏風聚氣只是論外格局的水局變化而已。眞的不應該無限上綱的應用。

例如：住宅的室內格局，很多人都將「穿堂煞」視爲洪水猛獸。我認爲眞的不需要，爲何前門直通後門就會有漏財現象呢？這令人無法苟同。不就是違反了藏風聚氣的神主牌罷了。這跟在室內找財位要催財一樣，讓人啼笑皆非。求財不是應該出外去求嗎？室內跟誰求呢？地基主嗎？眞的很沒有道理啊！所以室內格局的設計首先注重的應該是健康的角度，包含生理健康還有心理的健康。而室內保持穿堂，也就是保留氣流的適當流通。有何不可呢？當然啦，若是房間內過度的氣流流通就不利於健康了。

現代的都市建築，因爲土地價格貴，所以密集式的建築，和往上發展的蓋高樓，在在都已經讓外格局的氣流不順暢了，若內格局又不流通，那自然會衍生很多的疾病。還有不健康的心理狀態。嚴重的話就有可能惡疾上身。所以說，醫學雖然日新月異的進步，但憂鬱症和癌症患者卻不減反增。除了飲食和生活習慣的改良，難道不該調整一下世人對舊時風水學的看法嗎？

時代不停的進步，地理學固然是傳統的智慧，但若是不知變通，固守舊法，那就跟愚蠢沒有兩樣了。地理師何敢談功德於世間呢？不被罵成「禍害千年」就不錯了。

會呼吸的房子，就是讓房子適當的氣流流通，而不是成天靠空調過日子。這位建築商老闆，好樣的。我身為地理師，我非常贊同你的建築概念。

【長眼法的內格局】

大部分的陽宅學術都特別注重屋內的風水效應，尤其是開運派的老師們。而且電視上的命理風水節目，時常會分享室內風水的祕訣。例如教人財位的選擇，或化解小人是非找貴人等等的方法。恕我直言，節目畢竟是節目，還是有其娛樂的效果。若眞當它是陽宅學術，那未免太過兒戲了。

筆者並不反對用好兆頭的出發點去做室內格局的擺設，因爲大家都喜歡歡喜的氣氛，若在家中擺設一些例如彌勒佛或金蟾蜍的物件，可以讓主人家感到開心，那也是一件好事。不過若是過度膨脹這些物件的功效，而且冠以陽宅學的理論說服福東高價購買安放，筆者就不敢認同了。

形家長眼法陽宅學，當然也會有室內格局的理論，只不過無法用祕訣式的心態去分享或教導。簡單來說就是，若要將室內的風水效應達到加分的作用，就必須看得懂室外的四勢特色，用內格局去搭配外格局的特點，主要是調整心態，以達到易經所提倡的陰陽調配功效。若無法考量到外格局的吉凶，室內的擺設將只是裝飾而已，並不能得到風水的加分作用。例如：外格局有龍強的現象，而有過於重視面子和出風頭而不懂屈服的缺點，社交上總是阻礙不少。就可以用神桌或辦公桌的內格局，雕洩龍氣的理論去布置。那麼此內格局的擺設自然就能減少龍強所帶來的缺點，自然而然可以減少許多麻煩事。

例圖：

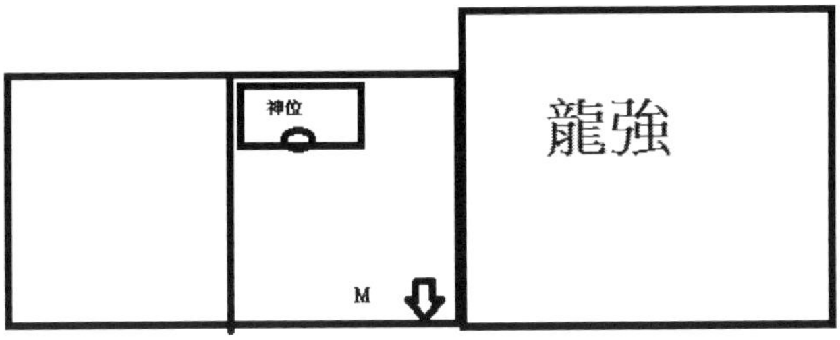

再例如：房子的外格局有帶動了，那麼房間的床頭就不能靠著路或動的方向。否則睡久了也是會讓自己身體快速下滑。

例圖：

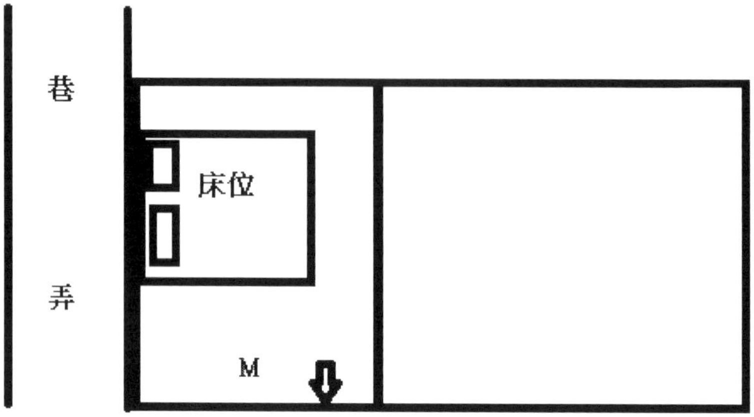

（不利睡眠）

但一般朋友無法認清外格局的朋友，筆者在此分享一些大略的，原則性的，先不考量外格局的室內格局擺法。長眼法陽宅學住宅的內格局要注重的擺法無非是：客廳（辦公桌）、廚房、房間（老中青少房間）、神明廳。

第一：「客廳」乃是家庭的會議中心，關係到親情的融洽。也是接待客人的地方，關係到社交問題，所以要顯現出對客人的友善，就要給人明亮不擁擠的感覺，而且應該是進大門的第一個空間爲佳。客廳的空間應該是整間房子裡最大的空間。不應該比房間小。沙發也盡量不要背靠馬路，可防孩子夜不歸營。至於辦公桌是否需要，就是要考量到外局的水神變化了，否則寧可不置辦公桌。

第二：廚房的重點就是衛生了，所以廁所盡量避開廚房附近，至少側門不能對冰箱門和瓦斯爐。還有就是窗邊若是有瓦斯爐必須要放低點。這是安全的考量。基本上廚房沒有很重要的地理效應要注意，更沒有所謂財位在廚房的謬論。唯一要注意的是，廚房若是有開往外走的門（例如一樓的廚房而龍邊是路），不可以開在龍虎兩側，會有桃花的問題。

第三：房間。無論是老中青少年睡的房間，都要注意到氣流適中，光線有就好。房間的坪數若不夠大，都不宜在房內設置衛浴間，尤其床之龍邊為衛浴間的門，久之必有大病。而各種年紀的睡床，需求又略有不同。例如老人房：指的是不用擔負家計的人睡的床，所以忌虎邊的力量太強盛，而房間的空間不能感到擁擠，有窗但不能太大面的窗。使之能睡得安穩。最好睡類似通鋪的床。壯年房，通常是擔負家計的人，所以不能太懶散，除了注意婚姻感情的融洽之外，床與門的關係最好是虎過堂。若有感情不佳的情況才須將床擺成後山軟的龍過堂格局（如例圖）

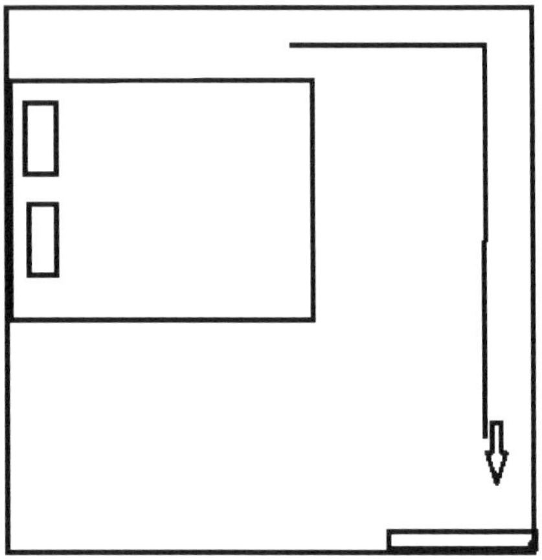

（有助年輕夫妻感情的床位）

後山軟

而青少年的房間，通常又分國中前的和結婚以前的兩階段。國中前的孩子是特別須注意品行的養成，所以通常床位要靠單邊，使其有安全感。女兒的話更是最好雕龍過堂，而且不能從窗看出有路，會有思想早熟的隱憂。至於書桌的雕法，要椅背有靠牆，而房門是在正面的位置，最後再盡量用龍過堂的動線。

例圖：

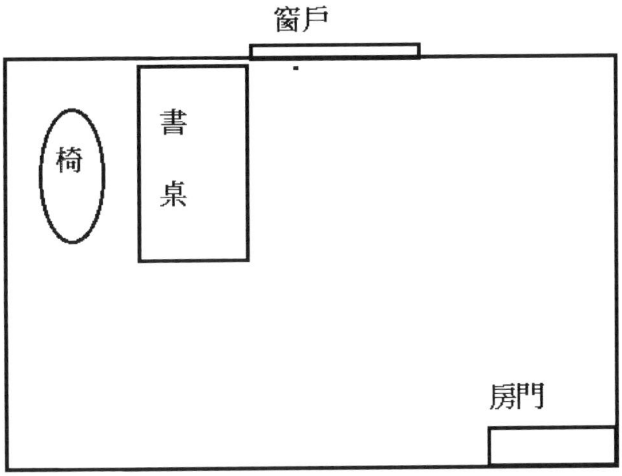

第四：神明廳或祖先廳。若只有神位的神明廳，除了各種信仰的需求之外，基本上要以收水爲第一原則，而且以在樓下爲原則。若水神收不到，則安在哪一層皆無妨。至於祖先牌位所在的地方，就關係到倫理和家教，要盡量以龍過堂的擺設。

總之，形家長眼法的內格局，若可以搭配外局的缺失去擺設，是可以收乾坤陰陽互變的功效。可以將外局的缺點變成優點，也可以說調整地理全看內格局。依各種需求用神去雕內格局。那麼可以收到很大的功效。

國家圖書館出版品預行編目資料

形家陽宅地理學：長眼法／黃誠宗編著. --初版.--臺中市：白象文化事業有限公司，2022.8
面； 公分
ISBN 978-626-7151-53-2（平裝）
1.CST: 相宅 2.CST: 堪輿
294.1 111009301

形家陽宅地理學：長眼法

編　　著　黃誠宗
校　　對　黃誠宗
發 行 人　張輝潭
出版發行　白象文化事業有限公司
412台中市大里區科技路1號8樓之2（台中軟體園區）
出版專線：（04）2496-5995　傳真：（04）2496-9901
401台中市東區和平街228巷44號（經銷部）
購書專線：（04）2220-8589　傳真：（04）2220-8505
專案主編　陳逸儒
出版編印　林榮威、陳逸儒、黃麗穎、水邊、陳媁婷、李婕
設計創意　張禮南、何佳諠
經紀企劃　張輝潭、徐錦淳、廖書湘
經銷推廣　李莉吟、莊博亞、劉育姍、林政泓
行銷宣傳　黃姿虹、沈若瑜
營運管理　林金郎、曾千熏
印　　刷　百通科技股份有限公司
初版一刷　2022年8月
定　　價　10000元